「黄色いベスト」と底辺からの社会運動

フランス庶民の怒りはどこに向かっているのか

尾上修悟 著

明石書店

「黄色いベスト」と底辺からの社会運動

フランス庶民の怒りはどこに向かっているのか

＊

目次

第Ⅱ部　モラル経済の破綻

第六章　社会不安の拡大　119

第Ⅳ部　代表制民主主義の危機

序章　「黄色いベスト」運動で問われているもの

筆者は先に（二〇一八年一一月）、拙著『社会分裂に向かうフランス』（明石書店）*を著し、そこでE・マクロン（Macron）大統領とその政府の政策運営を批判的に検討することにより、それに対する一般市民とりわけ低所得層の庶民階級の反抗が起こることを予想した。そして拙著の刊行と同時期に、それは「黄色いベスト」（gilets jaunes）運動となって現れた。しかも同運動は、筆者が予想していた以上の前代未聞の規模で展開されたのである。

* 拙著『社会分裂に向かうフランス』明石書店、二〇一八年、三五一〜三五三ページを参照。

黄色いベスト運動はまさしく、権力を集中させる政府に反抗するものであった。しかし、人間社会の歴史を振り返ってみれば、我々はそもそも、集権化された権威的ガヴァナンスから少しずつではあっても解放されてきたはずではないのか。このことを押し進めたのは言うまでもなく、権力の共有を目指す民主化の動きであった。それは、国民国家の形成の中で、権力が集中する傾向に対抗する手段として、一層の民主主義を求めたのである。代表制民主主義は、それを具現するものとみなされた。ところがどうであろうか。現在、そうした民主主義のあり方そのものが信頼を失っている。人々は再び民主化の運動を展開し始めた。これはフランスに限らず、それこそグローバルな動きと化した。代表制民主主義の下で、実際には権力が集中してしまったことに対する社会的反抗が、いたる所で起こっているのである。その意味で今日は、民衆による反逆の新しいエポックを迎えていると言ってよい。[1]

フランスの代表的な世論調査機関（IpSOS）で三〇年以上にわたって人々の意見の変化を調べてきたB・テーンチュリエ（Teinturier）代表は、ル・モンド紙とのインタビューで次のように答えている。[2] 何が人々を脅しているかという問いに対して、かれらは一〇年前には失業を第一に挙げていた。それは、他の要因を断然引き離していた。ところが今日、かれらは「平等（égalité）」を不安要因のトップに掲げている。人々は、それが脅かされていることを最も不安に感じているのである。しかもこのことは、フランスに限られるものでは全然ない。全世界の最も大きな二八ヵ国に関して、一六歳から六四歳までの二万人以上を対象に調査した結果、応答者の六〇％が、自国の運営が悪い（平等でない）方向に向かっていると答えている。確かに現代世界は、かつてと比べものにならないほど進歩した。しかし人々は、そうした進歩に対して幻滅の気持を抱き始めた。かれらの眼に、それは平等を犠牲にした進歩と映ったに違いない。ここに、進歩のパラドックスを見ることができる。

この間、グローバルな規模に金融・経済の自由化が進む中で、一つの警告が絶えず発せられてきた。それは、新自由主義の考えに基づく資本主義は、必ずや人々の間の不平等を、また地域の間の不平等を拡大し、やがては大きな社会分裂をもたらすというものであった。これによって人々は、自らの民主的な権利を剥奪されたという思いを強く抱くようになる。それは結局、代表制民主主義という名の政治機構に対する信頼を失わせてしまう。かれらは、そうした機構に対して絶望さえ感じる。黄色いベスト運動は、このような民衆の感情を代弁するものとして勃発したのである。

国家は、資本主義の枠組の中で次の二つの機能を持つとみなされる[3]。一方で国家は、社会秩序と労働力の配置を保障する。他方で国家は、経済的不平等を補償すると同時に、富をそのために再分配する。この両者のバランスを図ることが、社会的民主主義の使命であった。ところがそれは、新自由主義の勃興によって打ち壊されてしまった。後者の国家の機能が完全に失われたからである。国家による社会的サービスは、より貧しい人々を犠牲にして提供された。そのため、人口の最も多い部分に当たる人々はますます貧困化し、かれらは社会的手当てと同時に購買力をも一層減少させた。これと逆に、かれらの税の支払いは増大したのである。

最も民主化を進めたはずの先進資本主義世界において、民衆の政府に対する反逆がどうして起こったのか。以上の点は、その一般的背景を物語っていると言わねばならない。黄色いベスト運動も、こうした文脈の中で捉えることができるのである。

黄色いベスト運動を論じることは、現代社会の抱える普遍的な問題を考えることにつうじる。それだけに、同運動に対する知的関心が知識人の間で非常に高まった。事実、同運動が勃発すると直ちに、その分析が大学人を中心にフランスで一挙に進められた。それは例えば二〇一九年一月に、前代未聞の反乱を理解するために刊行された一つの書物に典型的に示されている。[4] そこでは、J・コンファヴリュー（Confavreux）の呼びかけの下で、総勢一六名の、哲学、歴史、政治、経済、社会の分野に及ぶ著名な研究者が論稿を寄せている。その中には、あのT・ピケティ（Piketty）も含まれている。もちろん、こればかりでない。同運動をめぐる書物は立て続けに刊行されたのである。このことからも、同運動が現代資本主義の世界を考える上で、いかに大きな問題を提起しているかがよくわかる。

筆者は以上のような問題意識の下に、本書では黄色いベスト運動の詳細な経緯を辿りながら、同運動の引き起こされた経済的、社会的、並びに政治的な背景を検討することに努めた。これによって、同運動は何を意味しているか、また同運動から我々は何を学ぶべきかを考察すること、これが本書の目的である。その意味で本書は、先の拙著の続篇に当たると言ってよい。

本書は、以上のことを論じるために、大きく四つの部から成り、序章と終章を除く八つの章で構成される。第Ⅰ部「抗議運動の展開」は、黄色いベスト運動による抗議がどのように進められたかを、年代記的に検討する。第一章では、同運動勃発の直接的契機となった燃料税引上げの問題が、また第二章では、抗議運動の過激化と、それに伴う政府の譲歩の過程が、各々論じられる。第Ⅱ部「モラル経済の破綻」は、同運動が勃発した経済的背景を分析する。第三章では、経済的不平等の拡大した姿が実証的に明らかにされ、第四章では、租税システムの不公正さが様々な税を例にしながら指摘される。第Ⅲ部「社会モデルの崩壊」は、社会の現状が抱える問題点を浮彫りにする。第五章では、社会分裂の深化した点が、国民的レベルと地域的レベルの双方から考察され、第六章では、人々の社会不安が、社会保障と教育・文化の側面から検討される。最後に第Ⅳ部「代表制民主主義の危機」は、政治体制の現状と課題を問題にする。第七章では、危機を引き起こした寡頭政治体制が、また第八章では、黄色いベスト運動の要求である「市民主導の国民投票（ＲＩＣ）」が、各々論じられる。

注

1 Gomez, P.-V., "Réformer la gouvernance, est-ce《naturel》?", *Le Monde*, 17, novembre, 2018.

2 Revershon, A., "Les français sont pessimistes, pas dépressifs", in Le Monde, *Le bilan du monde*, 2019, pp.74-75.

3 Monod, J.-C., "La crise de l'État néolibéral", in Confavreux, J., prés., *Le fond de l'air est jaune—Comprendre une révolte inédite*—, Seuil, 2019, pp.99-100.

4 Confavreux, J.prés., *op.cit.*

第Ⅰ部

抗議運動の展開

第一章　燃料税引上げに対する抗議運動

一．燃料税引上げと環境政策の問題点

フランスの租税システムはマクロン政権の下で、とりわけ庶民階級に対して不公正感を強く与えた。そうした感情を一挙に噴出させるきっかけをつくったのが、他ならぬ燃料税の引上げであった。それがゆえに、同税に猛抗議する形で黄色いベスト運動が勃発したのである。この経緯について詳しくは次節に譲るとして、ここではまず、燃料税引上げそのものが抱える問題点を押えることにしたい。それによって同運動の背景をよりよく理解できると考えられるからである。

二〇一九年の予算で、「エネルギー商品に対する国内消費税（taxe intérieure de consomation sur les produits énergétiques：TICPE）」が引き上げられた。[1] それは、かつて「炭素税」と呼ばれたもので、

ディーゼルとガソリンに対する課税の引上げを意味する。これによって政府の税収に関し、二〇一八年の三七〇億ユーロに続いて二〇一九年に三七七億ユーロの追加が見込まれた。問題となるのは、そうした燃料税としての消費税が何を意味しているかという点である。

エネルギー商品に対する国内消費税は、大枠で環境税(taxes vertes)に相当する。その本質は、エコロジカルな社会への移行に及ぼす効果にある。したがって政府与党の共和国前進(La République en marche : LRM)も、この税はあくまでも、環境を守るための租税であることを明白に打ち出す。この見解は、同税の正当性を訴える盾となる。ところが、ここに一つの大きな矛盾がある。なぜなら共和国前進は他方で、同税はエコロジカルな社会への移行の課税手段にはならないと主張するからである。では、燃料税引上げは一体何のためなのか。まず、この点が問われるに違いない。

そもそも、環境税と環境保護、さらにはエコロジカルな社会との相関関係は、理論的に明らかにされている訳ではない。そうした中で示されたフランス政府の意向、すなわち燃料税引上げが環境に対してプラスの効果を与えるという考えについて、ますます疑いの念を持たざるをえない。そして案の定、エネルギー商品に対する国内消費税引上げの真の意図が暴露されたのである。二〇一九年に同税により見込まれる税収のうち、エコロジカルな社会への移行(再生可能なエネルギーの開発に対する支援)に回る分は、たった七二億ユーロであり、それは全体の二〇%にも満たない。また、フランスの輸送インフラ整備に対しては一二億ユーロしか使われない。したがって両者を合わせても、税収の二〇%を少し上回るにすぎない。残りの部分のうち、一二〇億ユーロが地方自治体に、そして一七〇億ユーロが国庫に入ることになる。つまり、同税の引上げによる税収増のうち、実に四五%もが国家に帰属する。この点をまず銘記する必要がある。他方で、二〇一九年の環境税の増大は、家計と企業における税負担を四〇億ユーロ上昇させる。この分が、連帯富裕税（impôt de solidarité sur la fortune：ISF）の廃止に伴う税収の減少分にほぼ匹敵する点も合わせて留意すべきであろう。

このようにして見ると、マクロン政権による燃料税引上げの意図がはっきりとしてくるのではないか。かれらが基本的に財政緊縮政策を進める中で、燃料税の引上げによって財政赤字を埋め合わせようとしたことは、もはや疑う余地がない。そしてこのことが、一般の納税者、とりわけ低所得層の庶民の生活に大きな打撃を与えることは言を俟たない。

それでなくても、裕福ではない人々の収入のうち、すでに六〇％強は「前もって約束された支出」である家賃、保険、食費、電話代などに吸収されてしまうと言われる。[2] その上さらに、燃料税の引上げ分が加わればどうなるか。そうした庶民階級の生活条件が一層悪化するのは決まっている。なぜなら かれらは、住宅を確保するために都心から離れねばならず、したがってかれらは、仕事場から遠ざかることにより車に依存せざるをえなくなるからである。我々は、こうした庶民階級の生活状況を絶対に忘れてはならない。

他方で、マクロン政権は真に将来望ましい環境社会を目指した政策に着手し、それに基づいて燃料税の引上げ策を打ち出したのであろうか。この点もぜひ問われねばならない。マクロンは、二〇一八年一一月末に、フランスのエネルギーの道を示す予定であった。それは、「複数年のエネルギー・プログラム（programmation pluriannuelle de énergie：PPE）」と呼ばれる。[3] そこでは、炭酸ガス発生の減少、エネルギー消費の減少、並びに再生可能なエネルギーの発展が謳われた。さらに問題とされるべきは、原子力エネルギーである。マクロンが大統領選挙キャンペーンで、エコロジカルな社会への移行を公約した以上、原子力エネルギーの削減が当然に計画されねばならない。そこで原子力発電は、二〇二五年までに全体の七五%から五〇%に低下させるとみなされた。ところがマクロンは、大統領就任からわずか数ヵ月後に、エコロジー・連帯相のN・ユロー（Hulot）に対し、そうした計画を放棄するように圧力をかけた。後にユローが辞任した理由も、これでよくわかる。

マクロンは、以上のような公約を反故にするかのように、原子力発電の再建に理解を示した。それは、フランス電力（Electricité de France：EDF）の意向に沿うものであった。かれらは、二〇二九年まで原子力発電を継続することを表明したのである。すでに同社の経営状態が悪い中で、原子力発電の割合を低下させることは、かれらの経営を一層不安定にさせる。こう考えたマクロンは、あくまでも同社の防衛を念頭に置いてエネルギー政策の方針を一変させたのである。[4] そこでフランス政府は驚くべきことに、原子力発電所の新設さえ容認する姿勢を明らかにした。実際に複数年のエネルギー・プログラムで描かれたシナリオは、フランス電力の進めるものとよく一致している。[5] そこでは、原子炉の閉鎖が二〇二八～二〇三五年に集中していることがわかる。マクロンが大統領の再選を願うとすれば、それは二〇二七年に任期を終えることになる。彼の環境政策は、実は政治戦略と密接に結びついているのである。

さらにそればかりでない。マクロン政権と原子力発電会社との関係も問題にする必要がある。そこに癒着がないかどうかが問われねばならない。というのも、E・フィリップ（Philippe）首相は、実は二〇〇七～二〇一〇年に公共事業の総裁であり、そのときに巨大な原子力発電の会社であるアレヴァ

（Areva）のロビー活動に対する責任者であったからである。[6] そうだとすれば、フィリップが首相に就任した後も、彼と原子力発電会社との関係は存続していることが十分に考えられる。脱化石燃料と環境保護という大義名分の下で燃料税が引き上げられた背後に、そうした巨大会社の利害があるとすれば、それは国民を愚弄する以外の何ものでもない。

原子力発電の廃絶は、エコロジストにとって歴史的な闘争を意味する。[7] フランス電力が、それに強く反発してきたことは言うまでもない。今回、マクロンが政治的判断で原子力エネルギー政策の現状維持を図ったことは、同社の勝利を示す他ない。国民に対して燃料税の引上げを提示したことはまさしく、化石燃料から原子力エネルギーへの移行を促したものと言ってよい。しかし、それでもって人々とりわけ庶民階級の生活が困難になるとすれば、かれらの怒りが高まるのは目に見えている。

二　抗議運動の勃発

以上に見た燃料税の設定に対し、フランスの人々とりわけ庶民階級はついに反旗を翻した。それは、底辺の労働者が着用する「黄色いベスト」を身に付けた人々の反乱となって現れた。課税の引上げ、燃料価格の上昇、並びに政府と大統領による庶民の政治的無視などが重なることで、かれらの怒りは頂点に達した。フランス人民の反逆はまさに、社会的怒りを表出するものとして始まったのである。

歴史的に見て、フランスにおいても、またその他の世界においても、強引な租税の引上げに対する抵抗は、個人的な戦略によるものとしてのみ現れたのでは決してない。それは、集団的な運動の様相をしばしば示した。[8] そして、そのあるものが、真に革命に転化したこともよく知られている。フランス革命（一七八九年）はまさしく、それを代表するものであった。つまり、租税引上げに対する人民の抵抗は、たんに財政的な反逆としてだけでなく、国家の基本的政策に対する反乱として表されたのである。今回の黄色いベスト運動も、こうした文脈の中で正しく捉えられねばならない。以下で、その勃発の経緯をまず見ることにしよう。

この抗議運動は、実は周到に準備されたものであった。[9] 二〇一八年一月以降、燃料価格が大きく上昇したことで生活の困難を来たしたP・ルドスキ（Ludosky）は、同年五月からの燃料税に反対する請願に賛同する人々をフェイスブックで募った。それは、一〇月の段階で一万二〇〇〇人の署名を集めることができた。また同月に、マクロンの政策に反対するための、「フランスはどこに行くのか」と題されたビデオがJ・ムーロー（Mouraud）によってつくられ、それはネットをつうじて何と六〇〇万人以上の人によって見られた。ここでルドスキもムーローも女性である点に注目する必要がある。そして長距離トラック運転手のÉ・ドルーエ（Drouet）とB・ルフェーブル（Lefebvre）は、二〇一八年一一月一七日に円形交差点を封鎖することをネットで呼びかけた。[10] こうして黄色いベスト運動は、社会的ネットワークに基づいて着々と準備されたのである。

実際にかれらは、三五キロも離れた仕事場に車で行くのに月二五〇ユーロのガソリン代を必要すると語り、燃料税に反対するデモをフェイスブックで訴えた。[11] そこでは、「この黄色いベストは、田舎と地方における車の運転手の赤い帽子（bonnets rouges）になる」と謳われた。ここで「赤い帽子」というのは、オランド（Hollande）政権下でブルターニュ地方に起こった環境税に反対する運動を指す。

これにより同税は、撤回を余儀なくされた。黄色いベスト運動は、それを再現するものとして企てられたのである。

黄色いベスト運動と赤い帽子運動には、一つの重要で確かな共通点がある。それは、フランスの人々の間で高まった政府に対する不満が運動の引き金になっているという点である。事実、オランド政権もマクロン政権も、生活コストの上昇が人々に与えるインパクトを全然考慮していない。あくせく働く人々の声に政治家は耳を傾けない。政治家は結局、そうした人々を取るに足らない連中と思っているのではないか。フランスの庶民階級を中心とする人々はこのように感じ始めた。その結果かれらは、政府に対して反逆の意思を表明したのである。

こうして二〇一八年一一月一七日に、燃料税に対する抗議は、黄色いベストを身に付けた人々によるフランス全土に及ぶ円形交差点の封鎖となって現れた。それはフランスで初めての試みであり、規模の点でブルターニュに限定された赤い帽子運動とは決定的に異なるものであった。皮肉にも、円形交差点は、都市計画家のフランス人E・エナール（Hénard）（一八四九〜一九二三）が歴史的に初めてパリ周辺につくったものである。[12]今日、それはフランス全土で三万箇所に設立されており、世界一を誇っている。そこが、前代未聞の反乱の震央と化した。街頭デモ参加者は、円形交差点という公共の場にバリケードをつくった。それはまた、フランス人の出会いの可能性を表したのである。

黄色いベスト運動を呼びかけた一人であるドルーエは、運動の目的は明白に大統領に対するいら立ちの抗議であることを表明する。[13]さらに彼は、燃料税の撤廃以外に、より多くの広範な要求を掲げる。そこには、全国産業一律スライド制最低賃金（salaire minimum interprofessionnel de croissance : SMIC）

の引上げや一般社会保障負担税（contribution sociale généralisée：CSG）引上げの阻止などが盛り込まれた。そして銘記すべきことは、ドルーエが当初より、この運動が武力闘争に進んではならないと訴えていた点である。

この黄色いベスト運動は、フェイスブックによる社会的ネットワークをつうじて、またたく間に支持者を増やした。五万人がパリで道路封鎖に参加し、二〇万人がそれに関心を寄せたと言われる。パーキングに集まった黄色いベスト運動の人々は、「月末のやりくりが困難な人々」であり、かれらは数年来、バカンスを自宅で過ごすような人々であった。かれらの職業は様々であり、運転手や介護者などを含んでいた。そしてかれらは、メトロを使えるために車を必要としないパリの住民を批判した。そこには、パリとそれ以外のフランスがある。このように糾弾されたのである。

事実、地方の田舎の住民にとって車のない生活は考えられない。なぜかと言えば、国営鉄道のサービスが極端に不足しているからである[14]。パンでさえ車を使って買わざるをえない中で、燃料税は言うまでもなくパン代の上昇を意味する。黄色いベスト運動に参加した多くの人々は、このような状況に置かれている。より劣った中流階級の人々は、家を持つか家賃を低く抑えるために都心から離れざるをえない。そこは交通の便が悪いことから、かれらは車に頼る以外にない。その際の車のタイプとして、経済的な理由からディーゼル車が選ばれた。実際にかれらの家計は、月末に赤字になる。それゆえディーゼル税の引上げは、その赤字を一層膨らませてしまうのである。

二〇一八年一一月初めの世論調査によれば、フランス人の一五％の人々は毎月、銀行勘定で欠損を生じさせていることがわかる。この割合は、社会的に低い層の人々の間で二四％にも上る。したがって、これらの人々の生活は非常に制約されていると言わねばならない。この状況下で燃料税を導入すればどうなるか。その結果は火を見るより明らかである。そうした人々は、働いてもその果実を十分にえられないことから、現状に対するうんざり（ras le bol）感を強く抱いている。そこで、一〇年以上にわたって公共サービスの悪化により苦しんできた地域の人々が、ぜいたくな生活を送る政治的エリートを養うために税金を支払っているという気持を持つのは当然であろう。

ところで、この黄色いベスト運動で留意すべき重要な点がある。それは、この運動を組織し、また支持する人々の間で、同運動はあくまでも「市民による非政治的な運動」であるという理解で一致している点である。かれらは、右派の政党も左派の政党も、はたまた労働組合も一切拒絶する。事実、かれらの大半は選挙の際に投票しないか白票を入れる。レンヌ（Rennes）大学政治学教授のE・ヌヴー（Neveu）が指摘するように、「庶民階級の第一の党、それは棄権」であり、「それだから、この運動の背後には、政治運動も労働組合運動もないという感情が、人々の参加を保証しかつ容易にさせる」のである。そこには、人々の怒りに基づく一体感が見られる。こう言っても過言ではない。

燃料税による石油価格の一層の上昇は、フランス人の怒りを集結させ、それは社会的怒りに転化した。実際に石油価格は二〇一八年に一〇％上昇し、そのコストはもはや無視できるものではなかった。人々の怒りは、そうした生活コストの増大にも拘らず、それが政府によって無視されていることに向けられたのである。家計におけるエネルギー支出の上昇は極めて現実的な問題であり、それはまた、裕福でない庶民階級の家計のエネルギー価格の変動に対する脆弱性を象徴的に物語っていた。

マクロン政権の課した燃料税は実際に、三つのインパクトを持つと考えられる。[15] 第一に、購買力の喪失。二〇一八年に燃料税は平均で、フランス人全体の家計に二七五ユーロの支出を加える。第二に、経済的かつ地域的な不平等の悪化。この税金で、全体の一〇%に相当する最も貧しい人々は、燃料税引上げ以前の二・七倍のコスト高によって強い打撃を受ける。これに対して最も富裕な人々に対する影響はたった一〇%にすぎない。エネルギー代金に関してはまさに食料品代の場合と同じく、エンゲル係数があてはまると言わねばならない。一方、地域別に見ると、田舎や都市周辺部の人々は、都会の人々よりも四倍ものコスト増を強いられる。そして第三に、燃料供給不安の増大。これは、暖房代の念出に困難な人々にはっきりと現れる。

以上に見られるように、燃料税の及ぼす社会的インパクトは極めて大きい。それはとくに、より貧しい庶民階級に関して明白である。それだから、この課税の社会的公正が問われると同時に、それに反対する黄色いベスト運動の正当性が浮彫りにされる。二〇一八年一一月一七日という日は、フランスの社会的闘争が初めて社会的公正の問題を議論の中核に据えた点で、画期を成すと言ってよい。この日を「アクトⅠ」として、同運動は毎土曜日に展開されていくのである。

三　フランス政府の反応

では、このような抗議運動が勃発したことに対し、マクロンとその政府はいかなる反応を示したか。マクロンは実は、黄色いベスト運動の起こる一〇日ほど前に、ある市に赴き、年金生活者との対話を試みた[16]。それは、一般社会保障負担税の引上げに反対するかれらの声を直に聞くためであった。そのときの市民とのやりとりが詳細に記録されている。そこで年金生活者は一様に、大統領によって生活が悪化したのに大統領はそれを何も理解していないと訴えた。これに対してマクロンは、年金生活者の苦しみがわかるとしながら、同税の引上げは自分の責任ではないと言い逃れる。さらに彼は、年金生活者は働いていないことを口実に、かれらの言うことは筋が通っていないと唱える。こうしたマクロンの見解に対して年金生活者は、大統領がフランスの増大する怒りと病を全く感じていないと断じた。そしてかれらは、一一月一七日にそうした感情が爆発することを予告したのである。

マクロンはこうして、折角年金生活者と対話したにも拘らず、かれらを説得することは試みても、真にかれらの気持に寄り添うことはなかった。否、それどころか彼は、かれらは非常に硬直的であると批判さえした。結局、マクロンとそのチームは、フランスの年金生活者の強い不満が反マクロンで結集する事態を全く予想できなかったのである。

他方でマクロンは、燃料税についてもフランス国民に理解を求めた。ここでも彼は、人々の怒りと不安を理解するとしながらも、燃料税が大気汚染との闘いを意味することから、その正当性を主張する。[17]こうして彼は閣僚に対し、暖房の行き届かない人々に対する燃料代の考慮と、仕事のためにつねに車を使う人々のフォロー・サポートの検討を促しながら、燃料税について変更はないことを宣言した。

しかし、黄色いベストを身に付けた人々は、すでに一ヵ月にわたって車のフロント・ガラスに貼り紙を置き、一一月一七日の道路封鎖を呼びかけていた。そして一一月一日の時点で、フランス人の何と八〇%近くの人が、そうした運動を支持していた。このような状況の中で政府は、人々の不満を一面で予想していたものの、燃料税の再検討は問題にならないとしてそれを一蹴したのである。B・ルメール（Le Maire）経済相は、一一月五日に「エコロジカルな移行を止めることはできない」と語る。また、フィリップ首相も、怒りは理解できても、気象の乱れを止めるマジックはないとみなして燃料税の引上げを支持する。こうして政府のトップの考えに変更はないことが宣言される。そしてもちろんマクロンも、この税対策はよいものとする発言をTVで行ったのである。

しかし、くり返し強調するが、この燃料税の引上げを正当化させる環境保護という考えは、同税の使い道から判断すれば偽善そのものであり、人々を欺くことは明らかであった。政府はそうした中で、燃料税反対の声を聞きながら人々の不満を鎮めるために、購買力を維持させるプランを考える[18]。燃料税を担当するF・ドルジ（de Rugy）環境相は、一定の地域に向けた輸送に対する支援や、長距離運転手への優遇の拡大を発表した。彼はそこで、「フランス人を救済しなければならない。我々は問題に耳を傾けないのではない」と語る。しかし他方で、ドルジは燃料税の正当性も訴えた。彼は、「一つのロジックがある。それは炭酸ガスの排出をより少なくすること」と唱え、このことは燃料税で達成されねばならないと主張したのである。

フィリップ首相も、道路封鎖が勃発する直前の一一月一四日の段階で、燃料税を再検討しないことをくり返し述べた[19]。ただし彼は、人々に対して思いやりと注意を払っていることを強調して一連の対策を示す。それらは第一に、古い車を最新の車に代えるために支援すること、第二に、長距離運転手に対する免税システムを設けること、そして第三に、最も貧しい人々の支援として暖房代の支払いを助けることである。これらの対策は二〇一九年一月から施行されるものとし、そのための追加的な五億ユーロ分は政府予算で賄われることも示唆された。フィリップはこのような支援と引換えに、フランスはエコロジカルな社会への移行に従事する必要があることを強く訴えた。

このようにして見ると、政府はエコロジカルな社会への移行という大義名分を振りかざしながら、それが欺瞞に満ちているにも拘らず、一一月一七日の直前まで燃料税を断行するつもりであったことがわかる。さらにもう一つの問題がある。それは政府予算に関係する。二〇一九年の予算が緊縮予算である以上、政府の支援に伴う新たな支出の資金をいかに念出できるかは全く不透明である。実際にドルジは、政府がそうした支援に直接責任をとらないと語り、それを地方自治体と企業に委ねることを発表していた。そうだとすれば、政府は一般市民を二重に欺いていたと言わねばならない。

こうした中で、一一月一七日のデモに関しては、首相もC・カスタネール（Castaner）内相も禁止するつもりがないことを明らかにする。フィリップは、「我々は反対する権利を尊重する。私は、デモを行う自由を遵守する」と語った。しかしそこには、「交通の遮断は処罰される」とする条件が付けられた。これは明らかに、黄色いベスト運動に対する警告を意味するものであった。

一方マクロンも、フィリップと同じく一一月一四日に、やはりＴＶでメッセージを送った。そこで彼は初めて、自ら過ちを認めた[20]。彼は、「私はフランスの人々と和解することに成功しなかった」と語る。ところがマクロンは、同時に改革の続行をくり返し唱えた。それは、フランスを将来、異なる方向に導くためである。彼はこのように国民に訴えた。ただし、その際の仕方は従来のようなものではないことも謳われる。それは、地方行政管理者の要求を聞く姿勢をとるものとして示された。このことはまた、マクロンが、エリートとその他の人との間に距離があることを認めるものであった。

このようなマクロンのメッセージは、国民の心に真に響いたであろうか。二〇一八年五月以来、彼の人気は急降下した。人々は、彼に対する憎しみさえ抱いた。フランス人は、彼の横暴さを強く非難したのである。彼は他人の意見を聞かない、金持ちの大統領である、そしてトップに据わる人物ではない。人々はマクロンに対して、このような判断を下し、いら立ちを募らせてきた。それがどれほど強いものであるかを気づいていないのは、唯一マクロン本人であった。こう言ってよい。

他方で、マクロンを支える共和国前進も、大統領の人気低落の本質的要因を十分に理解していたとは到底考えられない。同党の議員でカスタネール後の官房長官となったS・ゲリニ（Guerini）は、ル・モンド紙とのインタビューで党の方針を次のように語る。[21] 彼はそこで、フランスを改革するのは容易でないものの、しかし政策ラインを変更することは、自らの誤りを極めるものであるとみなす。また、黄色いベスト運動が、大統題とフランスの底辺の人々との間の切断を示すのではないかという問いに対し、彼はそれをはっきりと否定する。彼はむしろ、より多くのガソリンを使いながら気候の温暖化を抑えるのは世間知らずとして、かれらに対して批判的な姿勢を露にした。このことはまた、共和国前進が市民運動といかに立ち向かうかを占うものである。そこではかれらが、そうした運動に対して誠実に応じるかどうかが問われる。市民による抗議運動に反してまでも、改革を続けるつもりなのか。この点こそが問われねばならない。

実は、黄色いベスト運動が道路の大封鎖となって出現して以降、政府に対して、中間的組織としての労働組合から交渉の要請があった。それは、中道左派としてのフランス民主主義労働同盟（Confédération française démocratique du travail：CFDT）のリーダーであるL・ベルジェ（Belger）の申し入れとして示された。[22] 彼は、燃料税とエコロジーをめぐって、政府と労働組合が協議することを提案したのである。この提案は、一一月一七日の円形交差点封鎖デモの開始日に、「エコロジカルな転換の社会協定」という形でなされた。ベルジェがこのような提案を行ったのは、中間的団体のない社会は機能しないという観点からであった。必要なのは、社会的なフォロー・サポートであり、それは政府、労働組合、並びに雇用者などの連合で行われる。彼はこのように唱えた。これに対して環境相のドルジやモデム（MoDem）総裁のF・バイルー（Bayrou）らは、肯定的な姿勢を表明した。一方、野党もベルジェの声を聞くべしと主張する。そして元環境相のユローも、社会的なフォロー・サポートの必要性を認め、そのための連合組織を急いでつくるべきとするベルジェの提案に賛同した。[23]

ところがフィリップ首相は、このベルジェの提案に対して門を閉ざしてしまう。彼は、黄色いベスト運動に関して、政治的組織や労働組合と会議をもつことはないと語る。確かに、同運動は、政治家のみならず労働組合も締め出している。したがって、労働組合との協議でどれほどの成果をえられるかは定かでない。しかし、運動の参加者には明らかに、工場労働者が一定程度含まれる。かれらにしてみれば、政府が労働組合と対話することは、一つの朗報であるに違いない。フィリップ首相はこれを拒絶した。彼の判断は正しかったであろうか。

今回の黄色いベスト運動は、フランス社会における前代未聞の深い亀裂を明らかにした。この抗議の声に対し、政府が聞く耳を持たなければどうなるか。それは、人々の怒りに火をつける以外にない。かれらの怒り、憎しみ、並びに不安は、そうした政府の姿勢で解消されるはずがない。この点でフィリップ首相は、大きな過ちを犯したと言わねばならない。[24] 実は与党の共和国前進の中にも、政府のやり方に異議を唱える議員もいる。かれらは、政府と中間的団体との対話の必要性を説くと同時に、燃料税についても猶予を提案したのである。

このような状況下で、フランスの下院は一一月二六日に、燃料税引上げの凍結を議決した[25]。右派の共和党（ＬＲ）はさらに進んで、燃料税を二〇二二年まで引き上げないことを提案した。かれらは、石油相場の値上りを知る前に燃料税を引き上げることは合理的でないとみなす。そして、共和党以外の中道派や欧州社会民主派も、この修正案に同意した。一方、左派の社会主義グループは投票を棄権した。それは、かれらがオランド政権以来、環境保護を前面に打ち出してきたため、燃料税を真っ向から否定できないためである。このように、下院で燃料税を見送る決議がなされたものの、それは一つのシンボルにすぎず、予算審議会で通る見込みはない。そこでは共和国前進が過半数を占めているからである。しかし、この議決が、マクロン政権に対して大きな圧力になると考えられた。ほんとうにそうであろうか。

マクロンは、下院での討議を踏まえながら、議決の翌日（二七日）に、フランス国民にメッセージを送った[26]。彼はそこで、黄色いベスト運動とフランス周辺部の怒りに理解を示す一方、燃料税引上げという針路（cap）の変更はないことを表明する。ただし、その方法については変更することを認める。複数年にわたるエネルギー・プログラムを提示する中で、彼は新システムを告知した。それは、石油相場が上昇したときに税を廃止するというものである。これは、二〇〇〇年と二〇〇二年に社会党のＬ・ジョスパン（Jospin）首相が行ったもので、変動石油産品国内消費税（taxe intérieure sur les produits pètroliers：TIPP）と呼ばれる[27]。

政府の執行部は、石油価格が一〇％以上高騰したときに燃料税を引き下げることを示した。しかし、石油価格が低下したときには燃料税の引上げが直ちに引き起こされる。それはたんに一時的な政治的戦略を意味するに他ならず、その有効性は極めて乏しい。実際にジョスパン政権下で、変動石油産品国内消費税は失敗に終っている。このようにして見ると、マクロンは下院で議決された燃料税引上げ凍結案を無視すると同時に、針路はあくまでも変えないでその場しのぎ的な政策を提示したと言ってよい。これでもって人々の怒りは収まり、黄色いベスト運動は鎮まるであろうか。

このようなマクロンのメッセージを受けて、ドルジ環境相は直ちに、黄色いベスト運動の代表団（ドルーエとルドスキ）と会合を開いた。[28] しかし、それは失敗に終った。ドルーエはとくに首相との会合を求めたものの、それは拒絶された。フィリップ首相は、燃料税の引上げを二〇一九年一月一日より施行する姿勢を崩さなかったからである。

こうしたマクロン政権の方針に対して、批判が一斉に噴出した。それは、右派と左派の双方から示された。共和党のスポークスマンは、人々が月末のやりくりに苦労しているときに、大統領はそれを理解しないと主張する。そこには明らかに、人民と大統領の分断が見られる。一方、与党の中でもマクロンの政策に異議が唱えられた。かれらは、政府による方法の変更で人々の怒りを鎮めることにはならないとし、黄色いベスト運動に対して具体的に対応する必要があると説く。そこでは、庶民階級や労働者階級に対して明確に対応しなければ、政府の社会的プロジェクトと政治的プロジェクトは果たせないとみなされたのである。

ここで、唯一確かな点を指摘しておく必要がある。それは当時、フランス人の大半が黄色いベスト運動を支持していたという点である。世論調査によれば、応答者の六割が運動は続けるべきと答えている。この時点で、同運動にフランスの人々は共鳴の意を表していた。事実、一一月二四日のアクトⅡにおいても、デモ参加者はフランス全土で一〇万人以上に及んだ。マクロンは、こうした事態をどのように見ていたであろうか。彼は結局、黄色いベスト運動を取るに足らないものとみなしていたのではないか。この点は、フィリップについても同様である。この見方はフランス国有鉄道（SNCF）改革で示された、労働組合運動の軽視につうじる。要するにマクロンは、当初から庶民階級としての人民や社会的公正を尊重していないのではないか。そう思わざるをえない。そしてこの姿勢は、メッセージの直後に人民の大反逆によって一挙に打ち砕かれたのである。

四．野党と労働組合の反応

ところで、黄色いベスト運動をめぐって、ぜひとも押えておくべき問題がさらにある。それは、同運動に対する野党と労働組合の反応である。この点の検討は同時に、同運動の本質的な特徴を理解する上で極めて重要になる。

まず取り上げるべき政党は「不服従のフランス（La France insoumise：LFI）」であろう。総裁のJ－L・メランション（Mélenchon）は、大統領選キャンペーンの当初から、自らが人民の候補であることを盛んに謳っていたからである。[*] 同党が、左派ポピュリストと言われる由縁である。それゆえかれら

* この点については、前掲拙著『社会分裂に向かうフランス』一四八ページを参照されたい。

は、当然に黄色いベスト運動を全面的にサポートしなければならない。ほんとうにそうであろうか。

不服従のフランスは、黄色いベスト運動が勃発する直前に会合を聞き、そこでメランションは、燃料税の引上げをめぐる人々の怒りは正当であると語る。[29]また、一一月一七日の運動についても、そうした怒りをぶつける点でそれは正しい。彼はこのように唱える。ところが党としては、一一月一七日の運動に対し、党員の参加を呼びかけないことを決定したのである。どうしてであろうか。

その第一の理由は、不服従のフランスの政治的プロジェクトの中核に、エコロジカルな社会への移行が位置付けられている点にある。そこでは、ディーゼル車の終焉が目指される。そして第二の理由は、黄色いベスト運動の支持者に数多くの極右派の人々が含まれており、かれらと行動を共にしないという基本的姿勢に見出せる。かれらにとって、とくにM・ルペン（Le Pen）の同運動支持が大きな障害となった。

本来、黄色いベスト運動は、不服従のフランスの政治戦略に適合するはずである。それは、怒りの人民を連合することでマクロンに対抗することができる。それこそ、左派ポピュリズムの理論を具体化する絶好のチャンスを与えられたと言ってよい。ところが今回、かれらはその限界を露呈した。同党は、ルペンらの極右派にいかに対応するのか、また左派ポピュリズムをたんなるデマゴギーに転落させないためにはどうしたらよいか。メランションを筆頭にかれらは、これらの問いに対して明快な答えを用意していないのである。

不服従のフランスの中には、依然として極右派を激しく批判し、いかなる運動でもかれらと行動を共にすることはできないと断じる論者が多い。そこで問われるのは、ではかれらにとって、「人民」

とは何かという点であろう。仮にたとえ極右派が参加したとしても、支持する人民が変わるはずはない。もしも、そうした硬直的な過激派が、左派ポピュリストの支持する人民は、右派ポピュリストの支持する人民とは異なるというのであれば、それこそ左派の思い上がり以外の何ものでもない。黄色いベスト運動にはすべての人民が含まれる。それゆえ同運動は、歴史的に伝統的な左派の社会運動とは異なる。しかし、その根底に人民が位置付けられる限りは、同運動を軽視するようなことがあっては絶対にならない。実はこの点について、メランションは明確な考えを表していないのである。一方、かれらと対照的な動きを示したのがルペンの率いる国民連合（Rassemblement national：RN）であった。

そもそも黄色いベスト運動のメンバーは、背後にいかなる政党も付いていないことを宣言する。かれらは、大衆としての人民といっしょに行動するのであり、同志の運動を意図しているのでは全くない。したがって同運動は、根本的に非政治的なものとして位置付けられる。この点は、従来型の左派・右派の支えた政治・社会運動と決定的に異なる。かれらのメッセージは明白に、右派でも左派でもないことを表明するものであった。これが運動のイニシャチブになっている。ところがそれにも拘らず、共和国前進の議員が指摘するように、同運動の一部に国民連合がはっきりと入り込んでいる。なぜであろうか。

実は、黄色いベスト運動の参加者の多くは、フランス周辺部の出身である[30]。この周辺部は、経済的にも社会的にも、そして政治的にも見捨てられたところであると共に、燃料税の引上げで最も苦しめられるところを指す。さらに大事なことは、そこでの有権者の多くがルペンに深い愛着を抱いている点である。それゆえ国民連合は、黄色いベスト運動を当初から支持した。ルペンは道路封鎖勃発の直前に、次のように語った。「我々は、この運動に対して全面的に支持することを説く最初の政党である。この運動は、確かに非政治的である。しかし、その中に我々に投票する多くの有権者を見出すことができる」。この表明のねらいはもちろん、かれらが同運動を支持することから利益をえることにある。国民連合はあからさまに、人々の不満に基づくデモが、有権者に対して同党の選択を促すとみなした。

このような国民連合の動きが、大衆の人気取りという意味での、言わば上からのポピュリズムを表すことは言うまでもない。その民主主義に及ぼす危険性も十分に承知しなければならない。しかし、ここで銘記すべき点は、フランスで無視されてきた周辺部の人々に対し、これまで誰も真に救いの手を指しのべてこなかったという点である。そうだとすれば、そこでの人々が、かれらに唯一寄り添ってきた国民連合に一票投じることはよく理解できる。[*] 左派のグループがイデオロギーを依然と振りかざしている間に、国民連合は着実にその勢力をフランス周辺部に伸ばしたのである。この点で不服従のフランスは、人民の党と称しながら、実際には人民を裏切っていると言わねばならない。

他方で、中間的組織としての労働組合はいかに反応したか。黄色いベスト運動はもともと、労働組合と完全に離れて引き起こされたものである。それゆえフランスの労働組合は、一一月一七日の道路封鎖に対し、組織として支持することがなかった。[31] かれらが、人々の怒りを理解するための運動に深くコミットすることはもはやない。この点で労働組合は、激しく非難された。ある労働組合の総裁がいみじくも語ったように、フランスの労働組合は今日、その価値を失っている。どうしてかれらは、黄色いベスト運動への参加をメンバーに呼びかけなかったのか。この点が問われねばならない。

労働組合は現在、社会的対話を進める役割を担っていないのではないか。かれらは明らかに、社会化することに失敗したのである。実際に、いずれの労働組合も黄色いベスト運動への参加を呼びかけなかったことは、フランスの社会的病理をよく表している。[32] かつて労働組合をリードした左派の労働総同盟（Confédération générale du travail：CGT）総裁は、一一月一七日の運動の直前に次のように語った。「こうした運動は、何の真剣な分析に基づくものでもないし、また階級闘争の面も少ない」。「我々は、不公正な租税には反対する。しかし、租税のうんざり感という思いには賛同しない。なぜなら、租税は公共サービスとエコロジカルな移行を発展させるために必要だからである」。また、同じく左派の労働者の力（Force ouvrière：FO）も、道路の封鎖よりも輸送の優先を要求し、一一月一七日については何も言及しない。さらに、ベルジェの率いるフランス民主主義労働同盟も、一一月一七日の道路封鎖には応じられないとし、気候問題の緊急性に対する行動の必要を訴えた。

このように、フランスの労働組合はこぞって、黄色いベスト運動の出発点（アクトⅠ）に組織として参加することに反対した。このことは、かれらの完全な誤りであったと言わねばならない。とくに、同運動を最も支持してよいはずの労働総同盟の姿勢には、驚く他ない。かれらは、依然として階級闘争を前面に打ち出している。しかし、それは全くの建て前にすぎず、かれらは実際には工場労働者をすでに見放していたのである。** さらに言えば、そこには、労働組合が賃金労働者全体の問題を吸い上

* この点については、前掲拙著『社会分裂に向かうフランス』一五八～一六〇ページを参照されたい。

** この点については、前掲拙著『社会分裂に向かうフランス』一七四～一七六ページを参照されたい。

げていない姿を見ることができる。それだから、租税の引上げに対しても、労働総同盟はあたかも政府と同じような見解を述べるにすぎない。

先に見たように、フランス最大の労働組合であるフランス民主主義労働同盟総裁のベルジェが、フィリップ首相に協議を申し入れたのは、政府による権力の集中に対して労働組合が歯止めをかけること、言い換えれば労働組合の存在意義を社会的にアピールするためであった。そこには、黄色いベスト運動に対する姿勢の表明、ましてや同運動に対するシンパシーは一切ない。これまでの社会の歴史を振り返って見ると、労働組合こそが真っ先に人々の社会的怒りを組み入れてきたはずではないのか。今回、かれらはそれを怠った。否、むしろかれらは、それを行うつもりがなかった。それゆえ黄色いベスト運動の参加者は、労働組合にも失望すると同時に、かれらに対しても反逆したのである。

注

1 Tonnelier, A., "Bataille de chiffres autour de la fiscalité verte", *Le Monde*, 7, novembre, 2018.
2 Barthet, É., "Pouvoir d'achat: les chiffres et les maux", *Le Monde*, 17, novembre, 2018.
3 Malingre, V., & Wakim, N., "Nucléaire: l'immobilisme n'est pas exclu", *Le Monde*, 22, novembre, 2018.
4 Wakim, N., "L'exécutif mène une réflexion approfondie sur l'architecture à venir d'EDF", *Le Monde*, 22, novembre, 2018.
5 Allix, G., Le Hir, P., Mallingre, V., Mandard, S., & Wakim, N., "Énergie: l'exécutif dévoile sa feuille de route", *Le Monde*, 28, novembre, 2018.
6 Pinçon, M., & Pinçon -Charlot,M., *Le Président des ultra-riches*, Zones, 2019, p.99.

7 Rescan, M., & N., Wakim, “Les députés macronistes peinent à se forger une opinion”, *Le Monde*, 22, novembre, 2018.

8 Spire, A., *Résistances à l'impôt attachement à l'état—Enquête sur les contribuables français*, Seuil, 2018, pp.179-180.

9 Amar, C., & Graziani, C., *Le peuple et la président*, Michel La fon, 2019, pp.14-15.

10 *ibid*., pp.19-20.

11 Leclerc, A., “Les《gilets jaunes》, nouveaux《bonnets rouges》?”, *Le Monde*, 7, novembre, 2018.

12 Confavreux, J., “Avant-propos”, in Confavreux, J., prés., *Le fond de l'air est jaune*, Seuil, 2019.

13 Leclerc, A., “Clairement, l'objectif, c'est de monter sur l'Elysée”, *Le Monde*, 13, novembre, 2018.

14 Leclerc, A., “《Gilets jaunes》: radiographie d'une colère”, *Le Monde*, 17, novembre, 2018.

15 Berry, A., “Comment rendre la fiscalité verte plus juste”, *Le Monde*. 19, novembre, 2018.

16 Amar, C., & Graziani, C., *op.cit.*, pp.10-13.

17 Malingre, V., “L'éxécutif face à la colère des automobilistes”, *Le Monde*, 7, novembre, 2018.

18 Tonnelier, A., “Le gouvernement réfléchit toujours à des mesures”, *Le Monde*, 13, novembre, 2018.

19 Pietralunga, C., & Tonnelier, A., “Avec sa《superprime》, l'éxécutif tente de d'éminer”, *Le Monde*, 15, novembre, 2018.

20 Malingre, V., “Le mea culpa de Macron”, *Le Monde*, 16, novembre, 2018.

21 Lemarié, A., “LRM doit devenir le maillon fort de la majorité”, *Le Monde*, 18/19, novembre, 2018.

22 Malingre, V., & Pietralunga, C., “Pendent que Macron reste à distance, Castaner durcit le ton”, *Le Monde*, 21, novembre, 2018. Belouezzane, S., & Desmoulières, R.B., “Laurent Berger revient au centre du jeu”, *Le Monde*, 24, novembre, 2018.

23 Le Hir, P., & Pietralunga, C., “Nicolas Hulot regrette une crise《évitable》liée à la fiscalité verte”, *Le Monde*, 24,

novembre, 2018.

24 Lemarié, A., “Le gouvernement doit infléchir le calendrier de la mise en oeuvre de la taxe carbone”, *Le Monde*, 24, novembre, 2018.

25 Lemarié, A., “Le Sénat vote un gel de la taxe sur les carburants”, *Le Monde*, 28, novembre, 2018.

26 Pietralunga, C., “《Gilets jaunes》: Macron se résout à la concertation”, *Le Monde*, 27, novembre, 2018.,Malingre, V., & Pietralunga, C., “Face à la fronde, l'Elysée crée un《nouveau système》d'encadrement de la taxe carbone”, *Le Monde*, 28, novembre, 2018.

27 Tonnelier, A., “Comment l'exécutif veut encadrer la taxe carbone”, *Le Monde*, 29, novembre, 2018.

28 Lemarié, a., & Malingre, V., “Macron ne convainc pas les《gilets jaunes》”, *Le Monde*, 29, novembre, 2018.

29 Mestre, A., “L'appel à manifester le 17 novembre divise à LFI”, *Le Monde*, 7, novembre, 2018.

30 Soullier, L., “Le RN dans la roue des《gilets jaunes》”, *Le Monde*, 15, novembre, 2018.

31 Belouezzane, S., Des moulières, R.B., & Pietralunga, C., “Entre l'exécutif et les citoyens, le grand vide des cors intermédiaires”, *Le Monde*, 17, novembre, 2018.

32 Belouezzane, S., & Desmouliéres, R.B., “Méfiants, les syndicats se tiennent à d'écart du mouvement”, *Le Monde*, 13, novembre, 2018.

第二章　抗議運動の激化と政府の譲歩

一．大暴動の勃発

二〇一八年一一月一七日のアクトⅠとして開始された黄色いベスト運動は、円形交差点の封鎖という大胆な行動となって現れたものの、それは十分に穏やかな運動であった。しかし一一月二四日のアクトⅡの段階で、その大胆さは次第に高まる傾向を示し、ついにアクトⅢの一二月一日に、それは前代未聞の大暴動に転化した。これに伴って、マクロン政権の姿勢も変化する。以下ではまず、黄色いベスト運動が次第に過激になったプロセスを追うことにしたい。

二〇一八年一二月一日、この日は朝早くから数多くのデモ参加者がパリに集結し、かれらの行動は次第に激しさを増した。[1] かれらは、何十台もの車を焼き払い、銀行と商店を破壊し、略奪行為をくり返した。まさにパリは再び燃えた。運動は前代未聞の大暴動と化した。参加者は、「マクロン辞めろ」のシュプレヒコールと国歌「マルセイエーズ」を歌いながら、怒りを爆発させたのである。

中でも五〇〇〇人もの人々が、シャンゼリゼ（Champs-Élysée）の神聖不可侵の場とされる凱旋門に突入したことは、実に驚くべきことであった。というのも、シャンゼリゼでは一九三四年二月六日以来、デモが禁止されていたからである。[2]かれらの目標は明らかに、エリーゼ宮と大統領に向けられた。そうした過激派の中に、数多くの極右派と極左派のメンバーが含まれていたことは間違いない。もちろん、暴力行為を行ったアクターをすべて把握することはできない。しかし、約二〇〇〇〜三〇〇〇人の過激な活動家が、秩序を守る権力と激しく闘ったことは確かである。[3]そして、その中に普通の人々も数多く含まれていたことも事実であった。かれらの多くは、二〇代から四〇代の人々で、非常に強い動機を持ちながら暴徒と化した。かれらの眼に、パリは二つのシンボルを表すものと映ったに違いない。[4]その一つは権力であり、もう一つは富である。この二つが象徴的に表されている場、これが凱旋門とシャンゼリゼ大通りに他ならなかった。したがってそれらを破壊すること、これがかれらの目的となったのである。一二月一日はその意味で、歴史的に見ても未曾有の運動として、大きな社会的転換をもたらした。この日が、フランス現代社会の気憶に残る一ページを飾ることは疑いない。

我々が、ここでぜひとも押えておくべきことは、このような大暴動が、参加者の怒りに基づいた感情的な突発的行為で引き起こされたのでは決してないという点である。人民の暴動は歴史的に、国家権力による社会的暴力なしに勃発することはなかった。今回についても、全く同じことが言える。マクロンは先に見たように、一二月一日の直前まで、黄色いベスト運動の参加者に対して合意する姿勢を全く示さなかった。あくまでも燃料税を引き上げるという当初の針路を、彼は変えるつもりがなかった。彼が、人々の怒りを理解できるといくら述べても、こうした姿勢でかれらを説得できるはずがない。マクロンが、逆にそうできると信じたところに、彼の横暴さと傲慢さが如実に現われていると言わねばならない。それはまさしく、国民を排除するという意味で社会的暴力以外の何ものでもなかった。彼は大暴動の勃発する前に、自らがそうした暴力を振っていたことに全然気づいていなかったのである。

ところで、黄色いベスト運動の参加者による一二月一日の暴動は、ちょうど半世紀前の一九六八年五月二四～二五日に起こった五月革命を彷彿させるものであった[5]。皮肉にもマクロンは、この革命を記念する予定であった。自ら『革命』*という本を著した以上、五月革命は賞賛の対象として彼の眼に移ったに違いない。ところが今度は、彼は逆にフランスの人々から革命をつきつけられたのである。

では今回の暴動が、一九六八年の五月革命と本質的に同じものかと言えばそうではない。五月革命の主役は学生であり労働者であった。そしてフランスの共産党と労働組合とりわけ労働総同盟は、かれらを全面的にサポートした。それは、社会革命に至ることをはっきりと意識するものであった。したがって当時の政府は、明確に交渉相手を持っていたと同時に、社会運動の規模もほぼパリに限定されていた。これに対して、二〇一八年一二月一日の大事件に関与したアクターは、主婦や年金生活者を含めて極めて広範囲に及んでいる。また、黄色いベスト運動にはリーダーもいないし、それは政党や労働組合などの既存の確固とした組織とも断絶している。さらに、同運動の規模はパリに限定され

＊　マクロンの革命の意味について詳しくは、前掲拙著『社会分裂に向かうフランス』三三六ページを参照されたい。

ない。それはフランス全土にわたっている。同運動はまさしく、フランスの一般の人々による怒りを社会的に集結させた。ここに、黄色いベスト運動の本質を見ることができる。今回の大暴動は、その点を象徴する一つの出来事にすぎない。

実際に、黄色いベスト運動の参加者は、これまで政治に無関心な人々であった。[6]かれらは、突如政治に目覚めたのである。なぜであろうか。それは、政治が人々の日常生活に直接的なインパクトを与えることを、かれらが気づいたからに他ならない。この日常的な不満と危機感こそが、かれらに運動を引き起こす一大動機を極めて強く与えたのである。そして銘記すべき大事な点は、そうしたかれらの日常生活から生じる不安を、政治家がこれまで一向に解消させなかったという点であろう。事実、かれらは、政治家が最低賃金の額さえ知らないことにショックを覚えた。このような政治家の無能力と無気力が、人々との間の溝を非常に深めたと言ってよい。それでは、今回の大暴動によって、マクロンとフィリップを始めとする政権の執行部は、これまでの政策を変更しながら人々の不満に真に応えたであろうか。次に、この点を検討することにしたい。

二 フランス政府の譲歩

一二月一日の事件が、マクロン政権に一大ショックを与えたことは間違いない。それは、かれらが初めて譲歩したことに鮮明に現れた。[7]フィリップ首相は事件直後の一二月四日に、フランス国民に対して燃料税を六ヵ月間凍結することを宣言したのである。マクロンはこの段階で、政策の変更をフィリップに一任した*。この首相の告知は確かに、黄色いベスト運動の大きな成果であった。

燃料税引上げに対する抗議は、これで一応成就したかに見える。しかし、そうした政府の譲歩を手放しに歓迎する訳にはいかない。そこには注意すべき重要な問題点がいくつもある。第一に、フィリップが「いかなる税金も、国家の統一を危険に晒してよいものではない」と発言した点が挙げられる。この発言は一体何を意味するのか。もしも国家の統一が危険に晒されなかったのであれば、言い換えれば大暴動が起きなかったのであれば、燃料税はそのまま遂行されたに違いない。彼の発言はこのように解釈できる。事実、暴動が起きるまで、マクロンもフィリップも政策を一切変更するつもりがなかった。これでもって、かれらは暴動を非難することができるであろうか。かつてA・ジュペ(Juppé)元首相は、公民精神などはないと発言し、フランス国民の猛反発を受けた。フィリップがポスト・ジュペと言われている以上、今回の彼の発言もジュペ発言に準じるものであることがわかる。

第二に気をつけるべき点は、燃料税の凍結期間である。六ヵ月の凍結はまさしく、欧州議会選挙(二〇一九年五月)と強く関連している。政府は、欧州議会選で不利にならないように、それが終るまで燃料税を据え置いた。このように理解するのは当然であろう。何と狡猾な政治的戦略であろうか。ここでもかれらは、黄色いベスト運動の要求に従うというよりはむしろ、自分達の利害で政策の変更を図ったと言わねばならない。

第三に、燃料税は一定期間の凍結であって撤廃ではない。つまり、政府の改革の基本方針は一切変わっていない。実際に、マクロンとフィリップの右腕である大統領府代表のA・コーラー(Kohler)

* マクロンは、その後直ちにフィリップ案を否定し、一年間の燃料税凍結を宣言した。

は、燃料税引上げの後退で政府の改革路線を崩してはならないことを確認している。こうした姿勢でもって、政府が黄色いベスト運動参加者に真に譲歩したということは到底できない。

そして第四に問題とすべきは、燃料税の凍結による減少分に対し、それを補うためにフィリップは、公共支出の削減を考えている点である。[8] 燃料税の凍結による政府の収入減は一九億ユーロ（対GDP比で〇・一％）に上ると試算された。この分を埋めるため、フィリップは、子供の代に債務を残してはならないというお決まりの大義名分を振りかざしながら、公共支出の削減を告知したのである。G・ダルマニン（Darmanin）財務相が示したように、政府の財政針路は維持された。それは、欧州との約束である公共支出と政府債務の削減を意味するものであった。

ここで問われるべきは、公共支出削減の正当性であろう。第一に、それはフランスの社会モデルを崩壊させる事態を招きかねない。確かにEUは、フランスに対して二〇一七年に財政赤字を三％にするように求めた。政府はこれにより、公共支出削減に大義名分が与えられたと認識する。しかし、もしそうであれば、連帯富裕税の廃止や競争力と雇用のための課税減免（crédit d'impôt pour la compétitivité et l'emploi : CICE）[*]の強化、さらには資本に対する課税のフラット化というように、矢次ぎ早に税収の減少をもたらす租税政策を打ち出したときに、政府はなぜ公共支出削減も合わせて謳わなかったのか。そこには、富裕者と企業とりわけ大企業に対する減税はよいとすることが前提とされている。こう言わざるをえない。欧州委員会理事のP・モスコヴィシ（Moscovici）が唱えるように、競争力と雇用のための課税減免を止めるだけでフランスの財政赤字は二〇一九年に対GDP比で一・九％になると見込まれるのである。

このようにして見ると、一二月一日直後に示されたフィリップ首相の政策変更によって、フランスの人々、とくに低所得層の人々の不満が消え去るとは到底考えられない。フィリップに求められることは、自らの過ちを認めて国民に謝罪することではないか。[9]今回、そうした姿勢は一切見られなかった。それどころか、燃料税の引上げは根本的には変更するつもりのないことが示されたと共に、一二月一日の事件も他人《ひと》事《ごと》のようにみなされた。これでもって人々の怒りが収まるはずはない。結局フィリップは、ジュペと全く同じ仕方で国民に対処したと言ってよい。彼もやはり、公民精神などを考えることはなかったのである。

こうした中で、与党の共和国前進の中に、フィリップの危機管理を公然と非難する議員が現れた。かれらはとくに、フランス民主主義労働同盟の申入れをフィリップが拒否したとき、それはあまりにもジュペ主義であるとして彼を批判した。フィリップに対する恨みが人々の怒りに火を付けた。かれらはこうみなしたのである。彼の「反世間的姿勢（cynisme）」にはうんざりしたと同時に、彼が同党に属していないことから、首相の辞任さえもが要求された。しかし、それはマクロン政権の弱体化を生むとして実行されることはなかった。ただし、仮にフィリップが首相に留まったとしても、すでにこの時点でマクロンの人気は凋落していた。この点を忘れてはならない。

一方、政府のこうした事態は当然に、野党にとって極めてよい状況をつくり出した。かれらは、一斉に政府を批判する。[10]共和党、社会党（PS）、不服従のフランス、並びに国民連合は、一致して燃料税の撤廃を要求した。かれらは、フィリップの告知は、あまりに乏しい内容であると同時に、あまり

* CICEについて詳しくは、前掲拙著『社会分裂に向かうフランス』三六〜三九ページを参照されたい。

に遅いと非難した。共和党は、新たな対話の用意と、黄色いベスト運動を保護するための緊急事態宣言を求める。社会党は、連帯富裕税と資本に対する課税を再検討すべきと主張し、フィリップの針路維持に反対する。不服従のフランスは、政府のプライオリティが超富裕者の保護にあるとし、議会の解散を求める。そして国民連合は、燃料税凍結の期間を批判する。

他方で、かれらの批判の矛先は言うまでもなくマクロンに向けられた。そもそも、黄色いベスト運動の激化は、大統領の傲慢さに端を発している。フランスの人々のマクロンに対する憎悪が運動をエスカレートさせたのである。不服従のフランスの代表、A・コルビエール（Corbière）が今回の暴動は、「人民の爆発であり、逆上であり、市民の尊厳の要求である」と語る。[11] マクロンは、フランスの人々の言うことを聞こうとしないし、かれらの怒りを真に理解しようともしない。その結果彼は、最悪のシナリオを描こうとしている。共和党の書記長、G・ディディエ（Didier）が唱えるように、黄色いベスト運動は市民運動であって、これに対応できる唯一の方法は人々との対話である。

元社会党党首で大統領選候補者になったB・アモン（Hamon）も、ル・モンド紙とのインタビューで次のように答えた。[12] 黄色いベスト運動は人民の目覚めであり、それはフランス社会の深い激動そのものを表している。それゆえ、不公正で不平等なシステムを拒絶する必要がある。ところが、大半のエリート政治家は、この社会運動を全く理解していない。この運動の動力は、不平等と無視されていることに対する反感であり、これは「アラブの春」につうじる。そこで左派は、歴史的にそうした社会的怒りに対して政治的なハケ口を提供することによって、その怒りを望みに転換してきた。しかし、現在の左派は、その歴史的価値を自ら破壊している。

以上に見たように、各野党と市民同盟なるものをつくろうとするアモンらは、マクロン政権の黄色いベスト運動に対する対処を徹底的に批判した。これ自体は全く正当なものである。では、それほど声高に批判するのであれば、かれらはなぜ同運動を当初からサポートしなかったのか。唯一、ルペンの率いる国民連合のみが初めからそれを支持したことは、実に不可解である。この点は、とくに左派の政党にあてはまる。社会党も不服従のフランスも、黄色いベスト運動を党として積極的にサポートすることは全然なかった。コルビエールの話も、後の祭りのようなものである。そういう意味で、アモンの指摘は正鵠を射ている。ところが彼自身も、一一月一七日のアクトIの段階で、同運動を支持した訳では決してない。彼は市民に寄り添う姿勢を示す一方、エコロジーの重要性を観念として認めているため、燃料税の引上げを根本から否定することはできなかった。これは、社会的裏切り以外の何物でもない。黄色いベスト運動のメンバーが、右派も左派も含めたあらゆる政治組織を一切拒絶するのは、以上のことからよくわかる。かれらは結局、政治家を全然信用していないのである。同運動が提起した一つの大きな問題は、この点にこそあると言わねばならない。

他方で労働組合は、一二月一日の事件に対してどのような姿勢を表したか。まず、暴動に対してフランス民主主義労働同盟のベルジェ総裁は、暴力行為は受け入れられないことを表明する。[13]そうした行為は、極左派、極右派、並びに一定の過激派によるものとみなされる。しかしそこでは、暴動の引き金となった人々の怒りに対する理解は語られない。一方、燃料税の猶予に対しては、フランス民主主義労働同盟も労働総同盟も当然支持する。また、連帯富裕税の復活も要求される。これらの点は、先に見た野党の姿勢と変わらない。そこで問題とされるべき点は、労働組合による労働組合固有の主張にある。かれらは、同運動の新たな段階への飛躍を期待する。それは、企業のストライキによって経済を封鎖することで示される。このことは、同運動と直接結びつくものであろうか。

実は、黄色いベスト運動の参加者には数多くの、失業者、生活困難な年金生活者、さらには月末のやりくりに支障を来たす家庭の主婦が含まれている。したがって同運動は、単純で純粋な労働運動では決してない。かれらはそもそも、企業に属していないのである。この文脈の中で、労働総同盟が伝統的な手段としての企業ストライキをいくら叫んでも、それはデモ参加者の耳には届かない。かれらはその点で、同運動の本質を全然理解していない。現代の労働組合の無能さが、ここでも露呈されたのである。

三 抗議運動の継続とマクロンの譲歩

一二月一日の暴動は間違いなく、与党の政治家に大ショックを与えた。同時にそれは、マクロンとその政府に反省を促し、かれらから一定の譲歩を引き出した。ところが、そうした譲歩は、真の反省からはほど遠いものであった。マクロンは、あくまでも「針路を維持する」姿勢を崩していないからである。黄色いベスト運動の参加者は、大統領がそうであれば、デモを継続する以外にないことを誓う[14]。かれらは直ちに、一二月八日にアクトⅣの新たなデモを行うことを宣言した。政府が聞く耳を持つまで同運動は続くことが示されたのである。

一方、暴動がほんとうに役立つかどうかという点は、参加者の間で真剣に問われた。しかし、政府との対話がなければ暴力行為もやむをえないとする向きが強く現れた。デモを最初に呼びかけた一人のドルーエも、当初の穏健な方針を次第に変える。彼は、「私は政府の尊大さに憤慨する。もしも政府が我々の声を聞こうとしないのであれば、人々の一部が制裁されるまで待たねばならない」と語った。

このように、政府の燃料税引上げ凍結案は、黄色いベスト運動の沈静化に功を奏さなかった。かれらの怒りが、そうした一時しのぎ的な対策で収まることはない。どうしてであろうか。そこには、同運動が抗議運動として継続していく明白な理由がある。実は、政府に対する要求が、たんに燃料税の引上げの撤廃だけでなく、一層広範囲なものに拡大した。このことが、同運動を続続させる根拠と動力になったのである。

ところで、そうしたかれらの要求を代表するものが、賃金上昇による購買力の増大であった。それは第一に、最低賃金の引上げを意味した。ところが政府は、最低賃金の引上げを問題にしないことを確認する。フィリップ首相は、「我々の政策は、最低賃金を引き上げることではない」として、最低賃金の引上げを明確に否定したのである。[15] 彼がこのように判断したのは、最低賃金の引上げが雇用の減少あるいは労働時間の削減を招き、その結果労働者の収入減をもたらすとする一部のエコノミストの議論に基づいている。これは、言うまでもなく新自由主義の考えである。しかし、これまでの数多くの研究は、そうしたテーゼの誤りを明らかにしている。最低賃金の引上げは、米国を事例として雇用を改善した。それゆえそれは、裕福でない賃金労働者の購買力に対してプラスの効果を与える。フィリップをはじめとする政府の執行部は、当初よりこの点を全く理解しようとしない。

ただし、フィリップはその中で、最低賃金を少しだけ手直しする方針を打ち出した。[16] それは、最低賃金の三％増として現れた。しかし、これは月に三～四ユーロの収入増しかならない。一体、これでもって何が買えるであろうか。黄色いベスト運動の多くの参加者が、政府の対応はあまりにひどく、かつ遅すぎるとして怒りを一層高めたのは当然であった。そこでかれらは、すべての怒りを結実させる運動を一二月八日にアクトⅣとして展開することを宣言する。危機は、はるかに一層深まった。この事態にカスタネール内相は、パリでの同運動の集会を行わないように呼びかけた。それにも拘らず、アクトⅣは大々的に実行された。[17] 何の抜本的な改善策を提示することなく、たんに秩序の維持を訴えても、その声はデモの参加者に届く訳はない。その意味で、カスタネールは真の内相ではない。彼は第一に警察を支持し、第二にデモに参加しないことを国民に説き伏せることとしか考えていない。[18] 彼は、「人民に語る」姿勢を全く示していない。こうした中で案の定、一二月八日に再び大暴動が引き起こされたのである。

このような事態に、マクロン大統領は何をなすべきか。答は明白である。租税政策と垂直的統治の欠陥が露呈した以上、彼は、これまでの拙速な改革を伴った権力の行為ではなく、政策の中味そのものを見直さなければならない。[19] 彼にとって、確証できるものはもはや何もない。フランスの人々の中に、怒りの気持はつねに潜んでいる。それは、黄色いベスト運動に対するかれらの支持となって現れる。彼は、こうした事情に対処する必要がある。

そこでマクロンは、暴動後の一二月一〇日に、高齢者や労働組合などの様々な人と組織から成る大社会会議を開いた。[20] しかし、それでもって同運動が鎮まるほど事態は単純ではない。マクロンが、同運動で明らかにされた危機が重大であることの理解をいくら示しても、それが社会的かつまた民主的な危機であるからには、彼は、そこで引き起こされた諸問題に直ちに対応しなければならないからである。その際のテーマは、「新社会協定」をつくることにある。彼はこれによって、国民との一層の共生感を伝えなければならない[21]。そもそも同運動の最初の段階で、マクロンとフィリップは適切な対応を怠った。否、むしろかれらは逆に同運動を一層煽ってしまった。その代償は高くついたに違いない。仮にマクロンが新社会協定を提示したとしても、それがフランスの人々の間で受け入れられる保証はない。同運動はつねに爆発する気配をはっきりと表していたのである。

こうした中でマクロンは一二月一〇日に、黄色いベスト運動に対応することをＴＶで宣言した。その戦略的目的は、公衆のオピニオンに最大のインパクトを与えることであり、それは明解な数値をもって示された[22]。マクロンはそこで、「労働者の最低賃金は、二〇一九年から毎月一〇〇ユーロ引き上げる。これは、雇用者に対して一ユーロのコストにもならない」と語る。彼にとって「最優先の行動」は、裕福でない労働者との合意であった。ただし、この一〇〇ユーロの最低賃金引上げには注意を要する点がある。そこには、賃金労働者の社会保険料の免除が含まれているからである。この免除分である二〇ユーロを差し引くと、結局最低賃金の実質的増大は八〇ユーロとなる。したがってこれは、最低賃金の一・八％の実質的引上げを意味する。それは、こうした賃金の引上げにもともと反対した労働相のＭ・ペニコー（Pénicaud）の唱えた値と合致する。つまりマクロンは、労働相の考え以上に最低賃金を引き上げる姿勢を示さなかった。これでもって、彼の「最優先の行動」は真に貧困と闘うのに有効であろうか。甚だ疑わしいと言わざるをえない。

マクロンは、このような最低賃金の引上げ以外にも、様々な改善を数値で表した。第一に、年金生活者の一般社会保障負担税について。そこでは、月に二〇〇〇ユーロ以下の年金生活者に対して、同税の引上げが撤廃された。第二に、残業手当に対する非課税について。マクロンは、二〇一九年から残業手当を非課税扱いにすることを宣言した。これは、実はN・サルコジ（Sarkozy）元大統領が行ったものである。それは、「より一層稼ぐためにより多く働く」という考えに基づく。そして第三に、クリスマスの例外的報酬について。マクロンは、すべての雇用者に対し、年末の例外的報酬を支払うように求めた。それは、賃金を補完するものであり、その分は雇用者に課税しないことが明らかにされた。しかし、この点はあくまでも企業の意思に依存するものである。果たして、そうした特別ボーナスを支払う余裕が中小企業にあるであろうか。それは結局、大企業に限られるのではないか。そうだとすれば、この対策も中小企業で働く貧しい労働者を救済することにはならないであろう。

以上、一二月一〇日のマクロン宣言について、数値の改善に焦点を当てながら検討した。これまで、黄色いベスト運動に譲ることをためらった大統領が、これにより初めて一定の譲歩を示したことになる。彼はそこで、「経済的かつ社会的な緊急事態」と語った[23]。それは皮肉にも、前大統領のオランドが二〇一六年に用いたフレーズであった。マクロンはこの宣言で、初めて自らが人々の怒りを煽ったことを認める。今回、彼は労働者や年金生活者に譲歩することで、かれらとの和解を求めた。実際に年金生活者の多くは、大統領選でマクロンに投票したのである。彼が、「年金生活者は我が国の大切な部分を成す」と述べたのも、この点を十分に配慮したからに他ならない。そして、このような宣言の後に、共和国前進の議員はこぞって、マクロンが人々の怒りを理解してそれによく対応したことを賞賛した。かれらは、これで社会的公正のための対策が加速されるとみなす。ほんとうにそうであろうか。

黄色いベスト運動の参加者や支持者は、このマクロン宣言で満足したかと言えば、決してそうではない。なぜなら、連帯富裕税廃止の見直しについて、彼は今回、何も言及しなかったからである。黄色いベスト運動は、燃料税の引上げ撤廃や最低賃金の引上げによる購買力の増大と並んで、連帯富裕税の復活を強く求めていた。同運動を引き起こした人々の動機の根底に、稀に見る貧富の格差という認識がある以上、かれらが連帯富裕税を再興させる願いは、想像以上に強いと言わねばならない。そうだとすれば、一二月一〇日のマクロン宣言で、その直後の一二月一五日のアクトVが取止めになる可能性はほとんどない。これでもって、同運動の参加者を十分に説得できるはずはないのである。

マクロンは確かに、この宣言で何かしらの政策変更を示唆した。それは、フランスの市民の要求が正当であることを一定程度認めるものであった。同時にこのことは、これまでのマクロン政権による政策の失敗を思い起こさせるものでもある。そして今回、そうした変更とは対照的に、連帯富裕税の廃止という針路は一切変わっていないという点を絶対に忘れてはならない。それはマクロンが、彼を選んだもう一つのフランスの市民を成す富裕者層の支持を失いたくないためであった[24]。彼がこの立場から離れない限り、貧しい人々の怒りは消えることはないし、また黄色いベスト運動も完全に鎮まることはない。

実際に黄色いベスト運動は、その後も政府に対して数多くの要求をつきつけた。それらはすべて、フランスの人々とりわけ庶民階級の生活を苦しめている現状を改善させるためのものであった。例えば、一二月半ばにトゥールーズの同運動で打ち出された要求を列挙すれば次のようである。[25]

・市民主導の国民投票（référendum d'initiative citoyenne：RIC）
・脱税の追求
・人民から成る議会による第六共和政の設立
・高齢者の最低保障と年金の再評価
・政府と代議員の収入の削減と厳しい規制
・賃金労働者の男女平等
・最低賃金の増大
・白票の実質的考慮
・競争力と雇用のための課税減免の廃止と連帯富裕税の復活

もちろん、これらはトゥールーズという一地域での人々の要求であって、全体に共通するものではない。しかし、ここで注目すべきは、かれらが第一の要求として、政治システムの改変を掲げた点である。それは、代表制民主主義に代わるものとして、あるいはそれを補うものとして、市民主導の直接民主制の主張となって表された。黄色いベスト運動の要求はここにきて、経済的なものから政治的なものに進化した。この点を銘記する必要がある。それはまた、国家権力に対する一般市民の大きな抵抗を意味していたのである。

事実、一二月二日に、黄色いベスト運動の参加者は運動を継続させるに当たり、次のようなスローガンを掲げた。[26]「国家は圧制を加える。法はごまかし、租税は不幸な人々から血を引き抜いて殺す。

富裕者には何の負担も課されない。貧困者の権利は中味のないものである」。このスローガンは、たんに租税システムの不公正を訴えるだけではない。そこには明白に、国家の政策そのものに対する反逆が見られる。かれらは政治的権力を問題にし、それに反抗した。そこでかれらは、権力による横暴さをむき出しにしたマクロン大統領に対し、「辞めろ」コールをくり返し叫んだのである。

他方で、絶対に忘れるべきでない重要な点が一つある。それは、黄色いベスト運動の主流が、極右派によるファシスト軍団の行動をはっきりと拒絶している点である。例えば一二月二二日のリヨンにおける運動の際に、反ファシストの若者を中心とするデモ参加者は、極右派のファシストを強制的に退去させた。[27]かれらはその際に、「我々はファシストではなく、怒っている（Pas facho mais fâché）」ことを強くアピールしたのである。[28]同時に、もう一つ留意すべき点は、黄色いベスト運動が反エコロジカルな運動では決してないという点である。かれらは、環境保護の問題と日常生活の問題とを切り離していない。[29]そこでは、「黄色と緑、それは同じ怒り」であり、それゆえ「世界の終末と月末の困窮、これは我々にとって同じ闘い」とみなされた。

このようにして見ると、黄色いベスト運動は、政治的プロジェクトと社会的プロジェクトとを併せ持った、総合的な反政府運動に発展する傾向を明確に表した。フランスの政治学者、S・アヤ（Hayat）は、人々の抗議運動が経済的な要求に終始する限りは、それが人々の集団的能力を掘り起こせたとしても、基本的には保守的なものであるとみなし、そうした運動の限界を指摘した。[30]確かに歴史的な事例を見ると、彼の唱えたことは正しい。ところが、今回の黄色いベスト運動は、彼の言うような経済的な要求から脱して、真の政治的かつ社会的な転換をめざす方向に動き出した。このパッションが、同運動を継続させる動力となっている。こう捉えるべきではないか。

ところで、一二月一〇日のマクロン宣言に対し、野党と社会的パートナーの労働組合は様々な反応を表した[31]。右派の共和党は、フランス人の怒りはこれで少し和らいだと評価する。これに対して左派は一様に、この宣言は不十分であると批判した。社会党は、針路の変更が見られないことを指摘し、共産党（PC）も、「金持ちの大統領は揺らいだが、金持ちは保護されたままである」と主張する。不服従のフランスのメランションは、「マクロンは金をばらまけば市民の反乱は収まると考えた」と断じる。そして国民連合のルペンは、「マクロンは一部分を否定したものの飛躍からは後退した」と論じた。このように、共和党を除く野党はすべてマクロン宣言に批判的であった。

一方、雇用者側は中小企業も含めて、この宣言を非常に肯定的に捉えた。メデフ（Medef）と呼ばれるフランス企業運動は、マクロンが企業を制約することなく全体的に黄色いベスト運動の要求によく対応したとして高く評価した。また職人組合も、マクロンが同運動に責任があることを認めた点で、それは進歩とみなす。では労働組合はどうであったか。それは、非常に対照的な反応となって現れた。中道右派のフランス民主主義労働同盟が、マクロンのトーンの変化を評価したのに対し、左派の労働総同盟と労働者の力は、大統領の無理解を非難した。ここで問われるのは、やはり労働総同盟の姿勢であろう。かれらが、マクロンをこれほど批判するのであれば、なぜ当初から黄色いベスト運動を組織として支持しなかったのか。この点は納得できない。

こうした文脈の下に、マクロンはさらなる動きを示した。彼は一二月半ばに、危機に一層対応するため、フランス全土における「大討論会（grand débat）」の開催を告知したのである[32]。その目的は、フランスの各人が危機解消の提案を示すことにある。そして、そうした公共の討論をコーディネートする委員会の長として、サルコジ政権下の閣僚であったC・ジュアノ（Jouanno）が指名された。そこでの討論のテーマは当初、エコロジカルな移行、租税、公共サービス、民主制の進化、並びに移民の五つを設けた。このようなマクロンの、国民的規模での大討論会の開始というアイデアは、当然に黄色いベスト運動への譲歩を示す一方、その鎮静化をねらいとするものである。果たして、この大討論会はうまく機能するであろうか。

まず、そうした討論会がフランスのすべての市民に開かれたものであるとしても、それに参加する大多数の人々の意見を一つにまとめることはできない。それは、たんなる言い放しであり、言ってみれば人々の怒りを鎮めるためのガス抜きにすぎない。さらに大きな問題は、一つのテーマとして掲げられた移民問題である。討論に人種差別主義者が加わればどうなるか。賛否両論が激しくぶつかり、収拾がつかなくなるのは目に見えている。その結果、フランスの社会分裂が一層深まることは間違いない。

こうした中で、討論のテーマに関して早速修正がなされた。フィリップ首相は、移民問題をあまりに過激であるとみなしてテーマから削除すると共に、民主制の問題を市民制の問題に置き換えた[33]。また、この大討論会は二〇一九年三月半ばまで行われることが示された。

では、フランスの人々は、この大討論会の開催にいかなる思いを抱いたであろうか。これは、いかなる政党のためのものでもないし、また政治的なプロパガンダでもない。政府はこのように主張した。ところが、討論に参加する人々はそもそも、政府の誠実さを疑っている。これまで政府は、協議をすることはあっても一般市民と議論することはなかったからである。結局、討論のイニシャチブは、政府与党の共和国前進に握られるのではないか。かれらは、大討論会をこのように不安視した。さらに、様々な意見が飛び交うことで、参加者の認識が分散してしまうリスクもある。一方、各地方都市の市長は、討論の内容を首相に伝えることをためらう。かれらは、地方自治体が国家の補助機関になることを拒絶するからである。

このようにして見ると、国民的規模での大討論会が成功するかどうかは全く定かでない。逆にこれによって、フランス国民の政府に対する不信感が強まるかもしれない。一体、マクロン政権は、フランス社会をどのようなものに導こうとするのか。この点こそが問われねばならない。

注

1 Malingre, V., & Rescan, M., “Un président mustique face à la pression”, *Le Monde*, 4, décembre, 2018.
2 Confavreux, J., “Avant-propos”, in Confavreux, J., prés., *Le fond de l'air est jaune*, Seuil, 2019, p.6.
3 Faye, O., & Mestre, A., et al., “Ultras, nationalistes…qui sont les auteurs des violences ?”, *Le Monde*, 4, décembre, 2018.
4 Chapuis, N., “《Gilets jaunes》: le 1er décembre, le jour où tout a basculé”, *Le Monde*, 17-18, mars, 2019.
5 Mestre, A., “Des révolutionaires sans révolution?”, *Le Monde*, 4, décembre, 2018.
6 Vincent, F., “A Gaillon, les《gilets jaunes》s'éveillent à la politiquie”, *Le Monde*, 6, décembre, 2019.
7 Malingre, V., “Cette folle semaine où le quiquennat a basculé”, *Le Monde*, 6, décembre, 2018.
8 Tonnelier, A., “Le moratoire coûtera 2 milliards d'euros”, *Le Monde*, 6, décembre, 2018.
9 Faye, O., Lemarié., & Rescan, M., “Edourad Philippe espère désamorcer la colère et sauver son poste”, *Le*

Monde, 6, décembre, 2018.

10 Olivier, E.,"Unanime, l'opposition ne désarme pas", *Le Monde*, 6, décembre, 2018.

11 Fay, O., Jérôme, B., Mestre, A., Olivier, E., & Rescan, M., "Le monde politique abasourdi face à une crise inédite", *Le Monde*, 4, décembre, 2018.

12 Mestre, A., "Ce mouvement ressemble aux pritemps arabes", *Le Monde*, 7, décembre, 2018.

13 Demoulières, R.B., "Les syndicats restent sur le ba-côté de la mobilisation", *Le Monde*, 4, décembre, 2018.

14 Tréca-Durand, Y., Leclerc, A., & Mayer, C., "Des《gilets jaunes》appellent à un《acte IV》", *Le Monde*, 4, décembre, 2018.

15 Gajdos, T., "Et pourquoi pas un coup de pouce au smic ?", *Le Monde*, 7, décembre, 2018.

16 Leclerc, A., Mayer, C., et al., "Le recul du gouvernement ne calme pas le contestation", *Le Monde*, 6, décembre, 2018.

17 Chapuis, N., "Castaner veut repenser la doctrine du mantien de l'ordre", *Le Monde*, 6, décembre, 2018.

18 Chapuis, N., "Christophe Castaner et les《dix plaies》de Beavau", *Le Monde*, 8, décembre, 2018.

19 Fressoz, F., "Un president qui n'est plus sûr de rien", *Le Monde*, 6, décembre, 2018.

20 Pietralunga, C., "Comment Macron va tenter de sauver son quienquennat", *Le Monde*, 11, décembre, 2018.

21 Fressoz, F., "Le président a-t-il déja tout perdu ?", *Le Monde*, 11, décembre, 2018.

22 Belouezzane, S., & Tonnelier, A., "Des mesures pour gonfler le pouvoir d'achat", *Le Monde*, 12, décembre, 2018.
Bissuel, B., "Smic : pas de coup de pouce, mais un revenu en hausse", *Le Monde*, 12, décembre, 2018.

23 Lemarié, A., & Pietralunga, C., "Sans se renier, Macron lâche du lest pour éteindre la colère", *Le Monde*, 12, decembre, 2018.

24 Fressoz, F., "Un vrai-faux tournant", *Le Monde*, 12, décembre, 2018.

25 Confavreux, J., prés., *op.cit.*, p.119.

26 Bantingny, L., “Un événement”, in Confavreux, J., prés., *op.cit.*, p.47.

27 *ibid.*, p.50.

28 Confavreux, J., prés., *op.cit.*, p.168.

29 Batingny, L., *op.cit.*, p.48.

30 Hayat, S., *op.cit.*, p.25.

31 Le Monde, “Pour l’opposition et les syndicats, des mesures insuffisantes”, *Le Monde*, 12, décembre, 2018.

32 Desmoulières, R.B., & Pietralunga, C., “L’immigration envenime déjà le《grand débat》voulu par l’exécutif”, *Le Monde*, 15, décembre, 2018.

33 Barroux, R., Pietralunga, C., Rescan, H., & Roger, P., “Macron lance son《grand débat》dans la douleur”, *Le Monde*, 20, décembre, 2018.

第Ⅱ部　モラル経済の破綻

第三章　経済的不平等の拡大

一．経済のモラルの侵害

黄色いベスト運動で発せられた国家に対する諸要求は、後に詳しく見るように、主として人々の生活条件に関するものであった。[1] 我々は、ここに同運動の核心を見ることができる。かつて、歴史家のE・P・トンプソン（Thompson）は、一八世紀のイギリスの人民による運動で示された根本的な現象を分析する中で、「モラル経済」なる概念を提起した。この経済では、様々な規律が暗黙のうちに設けられる。それらは例えば、商品価格は生産コストを上回ってはならないとか、市場ルールよりも相互性が支配されるべきとかで示される。そこで、これらの不文律の規律、すなわちモラルが市場原理の拡大によって踏みにじられ無視されたらどうなるか。人民は反逆する権利を感じるに違いない。黄色いベスト運動に一貫性と永続性を持たせているのは、実は人民のモラル経済の保護にあるのではないか。

一九世紀のフランスの工場労働者の反乱を研究するアヤが指摘するように、そうした人民の抗議運動はそれゆえ非常に経済的であるものの、しかしそれは、たんに物質的利害によってのみ行われたのではない[2]。かれらはまさに、経済機能に関するモラルを求めて反逆したのである。アヤは、こうしたモラル経済の原則に立ち返って黄色いベスト運動の本質を探る。以下では彼の行論を追いながら、この点をもう少し論じておきたい[3]。

黄色いベスト運動で提示された社会的要求は、基本的にモラル経済の原則から成る。それは要するに、脆弱な人々の保護を意味する。かれらは、「大金持ちは多く支払い、弱者は少なく支払う」ことを一般市民に呼びかけた。これはまさしく人民の良心を表す。そしてそれは、より富める者により多くのカネを与えることで経済効果を高める（トリックル・ダウン効果）とする、供給派経済学と真逆の考えを示す。かれらは良心に支えられるモラルの下に、現行の経済を立て直すべきことを唱えたのである。

このように、黄色いベスト運動はモラル経済の原則に基づく。それだから、運動に必要な資金を持っていない社会的アクターも参加できる。まさにモラル経済への信頼は、集団的活動の力をつくり出す。実際にモラル経済は、人民と支配者との間で交わされる非明示的な協定の結果である。それゆえ、そうした協定はつねに権力との関係に組み込まれる。そこで支配者がその協定を破棄するならば、人民はかれらに反逆することになる。

トンプソンやアヤの一八世紀と一九世紀に関する歴史的事例研究が明らかにしているように、人民の反乱はたんなる不満で起こるのでは決してない。それは、権力によるモラル経済の権利に対する侵害の結果現れる。ここに、権力の暴力性をはっきりと見ることができる。今日、マクロン政権の下で、フランス人民を代表するはずの大統領によって、そのことが具体的に表された。かれらの眼には、マクロンは、モラル経済の保護者になる代わりに、人民との間の協定を打ち破った人物として映ったに違いない。

二 所得格差の拡大

では、人々はモラル経済の原則が破棄されていることをいかなる点で実感するか。それはまず、社会におけるあまりに大きな貧富の差として表されるのではないか。

表3－1は、二〇一〇年におけるフランスの所得分布を示している。まず、総人口の五〇％に相当する最も貧しい庶民階級の所得について見てみよう。かれらの所得は全部合わせても、全体の二七％を占めるにすぎない。つまり、その割合は当該人口のそれの半分強ほどである。一方、総人口の四〇％に相当する中流階級の場合、かれらの所得の全体に占める割合は、人口比にほぼ等しい。ところが、これに対して総人口の一〇％に相当する最も富裕な階級の所得の全体に占める割合は、人口比の三倍に達している。さらに、この富裕者の内訳を見ると、裕福な中流階級が九割を占める。そして、残りの非常に裕福な人々は、総人口のたった一％にすぎない。それにも拘らず、かれらの所得の全

表 3-1　フランスの所得分布、2010 年

グループ	大人の人数（100 万人）	大人の年収（ユーロ）	大人の月収（ユーロ）	全体の所得に占める割合（%）
総人口	50	33,000	2,800	100
庶民階級：最も貧しい 50%の人々	25	18,000	1,500	27
中流階級：真中の 40%の人々	20	35,000	3,000	42
上流階級：最も裕福な 10%の人々	5	103,000	8,600	31
裕福な中流階級（9%）	4.5	73,000	6,100	20
最も裕福な階級（1%）	0.5	363,000	30,300	11

注：各収入は、18 歳から 65 歳までの人々の恒常所得を表す。そうした人々の少なくとも 80%はフルタイムの就業者である。
出所：Landais, C., Piketty, T., Sage, E., *Pour une révolution fiscale*, seuil, 2011, p.33 より作成。

体に占める割合は、人口比の実に一〇倍を超えている。しかも大人一人当りの所得に注目すると、かれらの所得は年収と月収のいずれにおいても、最も貧しい庶民階級のそれの何と二〇倍を上回っているのである。このような事実からだけでも、いかに極少数の富裕者が巨大な所得をえているかがよくわかる。フランスで、富の集中がはっきりと起こっているのである。

現実にフランス社会で、富裕者の数が増えていると共に、その中で超大金持ち（スーパー・リッチ）が続々と生まれている。[4]米国のブルームバーグ（Bloomberg）によるランキングによれば、フランスの億万長者は、かれらの資産を一層膨らませている。また、クレディ・スイス（Crédit Suisse）の研究は、二〇一八年にフランスの億万長者の数が二〇〇万人に上ることを示している。

そして今後五年間に、フランスの億万長者は、ドイツとイギリスのそれを上回ると言われる。

フランスの情報ビジネスに携わるJ－M・ロザン（Rozan）は、そうした超大金持ちの存在を暴露した。以下では彼の示す事実に沿いながら、この点を見ることにしたい。[5] 彼はまず、普通の金持ちと超大金持ちを明確に区別する必要があることを説く。[6] 実際にかれらは、同じ世界に住んでいない。フランスで五〇〇番目の金持ちとトップの金持ちの資産の間には、何と五〇〇倍以上の差がある。最大の金持ちと言われる七世帯の資産は、一〇〇番目までの金持ちの全資産の六六％をも保有している。しかも注意すべき点は、そうした超大金持ちの人々は、現金ではなく株式を所有することで会社をコントロールするという点である。さらに驚くべき点は、かれらの払う税金は、それ以下の金持ちよりも少ないという点であろう。

このような超大金持ちの出現は、資本主義の歴史の中でも前代未聞と言ってよい。かれらは一体どれだけ支出できるか。例えばフランスで五〇〇番目ぐらいの金持ちは、約一〇〇億ユーロを保有する。そこでかれらは一〇〇年間、年に一億ユーロ使える。その五〇〇倍以上を保有する超大金持が、信じられないほどの巨額の支出を行えることは言うまでもない。他方で、月に一〇〇〇～二〇〇〇ユーロの低所得の人々は、どれほどのカネをかれらの楽しみのために費やせるか。かれらが、生活を楽しむどころか、月末のやりくりが困難であることをつねに感じることは疑いない。要するに、金持ちはあまりに金持ちであり、かれらと貧しい人々との間の所得格差は、それこそ天文学的な数値に至っている。この現実があまりに不公正であると感じない人はいないであろう。

こうした中で政府が、莫大な所得格差を是正するどころか、逆にそれを煽ることになればどうなるか。低所得者が、政府はモラルの原則を破ったと感じると同時に、権力に反逆することを試みるのは間違いない。黄色いベスト運動は、この点を如実に示したのである。

三　購買力の不平等

ところで、以上に見た異常なほどの所得格差は、人々の購買力の不平等にそのまま結びつく。富裕者の購買力と貧困者のそれとの間に、極めて大きな差が生まれるのは当然である。黄色いベスト運動の参加者の間で広がる強い不満と憤りの一つの要因もこの点に見出せる。そこで、マクロン政権における実際の購買力、とりわけ庶民階級の家計の購買力を見る必要がある。

フランスの国立経済・統計研究所（Ｉｎｓｅｅ）は、二〇一八年から二〇一九年にかけての購買力について分析結果を表している。[7] それによれば、二〇一八年の第一四半期で購買力は純減する。これは、ＧＤＰの成長率の低下による。[8] 実際に、賃金労働者の社会保険料の増大、環境税とタバコ税の値上がりなどで、家計の購買力は同期にマイナスの効果を与えられた。しかし、二〇一八年の第二四半期以降は、直接税とりわけ連帯富裕税の改革などをつうじて購買力は上昇する。また二〇一九年も、住民税の廃止や社会保険料の低下で購買力は順調に増大する。これが、かれらの分析結果である。果たしてこの結果を鵜呑みにしてよいであろうか。

確かに、マクロン政権の五年間における初年度予算は、それほど緊縮的ではない。[9] 公共支出の構造的縮小は前政権以来続いているものの、それは強い財政緊縮ではない。他方で、税金と社会保険料から成る「国民負担（prélèvement obligatoires：PO）」も低下する。ではこれらのことが、フランスの家計全体の購買力を真に改善するかと言えばそうではない。ここで我々が留意すべき点は、家計を一般的に論じるのではなく、家計の階層性すなわち裕福な家計とそうでない家計との相違に注目しなければならないという点である。

こうした中でマクロンは、国立経済・統計研究所の発表した統計に基づいて「全体の購買力は増大した」と宣言した[10]。しかし、この観点から黄色いベスト運動の示す不安や危機的状況を説くことは到底できない。そこではまず、購買力の規定そのものが問題となる。

国立経済・統計研究所は、購買力を家計の総可処分所得で測る。言い換えれば、かれらの指標は賃金、収入、資産（配当など）、並びに手当て（年金や家族手当て）の総計から直接税や社会保険料などを差し引いたものを指す。そこで問われるべきは、その平均値の意味であろう。それは、多様な個人的状況を反映するものでは全然ない。現在の同研究所の統計は、就業者、失業者、あるいは年金生活者などの区別を一切しない。一方、それは都市、周辺部ないしは田舎に住んでいるか、あるいはまた単身者か夫婦か、上流階級のカードルか従業員か、さらには借家人か持家者かの区別もしない。それゆえかれらの分析は、フランスの人々を一様に捉えた結果であり、この点にこそ、その弱点がある。「生活条件の研究・観察のリサーチ・センター」総裁のC・オワビアン（Hoibian）がいみじくも指摘するように、「フランスが豊かになるのではなく、フランス人全体が豊かになること」が重要案件となる。購買力の分析も、まさにこの観点から行われなければならない。

実際に、二〇一八年の予算に組み入れられた諸対策は、家計の生活水準におけるポジションにしたがって非常に異なる効果をもたらした[11]。どちらかと言えば、より裕福な家計は二〇一八年からの租税改革によって一層の利益をえた。それは言うまでもなく、連帯富裕税の廃止や資本所得に対する課税の削減をつうじてである。実際に、全体の一%にすぎない最も富裕な人々は、マクロン政権の開始以来つねに購買力を六%高めてきた[12]。これに対し、大多数の裕福でない家計にとって、これらの対策は、かれらの生活条件をほんのわずかしか変えることはなかった[13]。これらの家計は、二〇一八年に入ると平均で生活条件をむしろ低下させたのである。それは第一に、間接税の引上げと住宅手当ての減少による。マクロン政権下の租税対策が家計に及ぼす影響について詳しくは次章に譲るとして、ここではひとまず、家計を階層別に見たとき、その影響が著しく異なることを記すに留めたい。

このようにして見ると、富裕者の購買力と貧困者のそれとの間の格差はますます拡大しつつある。それは、本来的に所得格差に基づく一方で財政政策にも大いに依存する。そこで気をつけるべき大事な点は、購買力の劣っている人々が、それの優っている人々に対して抱く「恨み（ressentiment）」という感情である。この恨みが、実は黄色いベスト運動を展開させる原動力にもなっている。それはまさしく一国の社会的病理の実質的基盤として規定される[14]。さらに言えば、そうした感情は中流階級の間で沸き上がる。なぜであろうか。

今日、確かに人々の購買力は全体的に見て一層増大している。しかし、人々の購買力に対する熱望はさらにより速く高まっているのが現状である。それは、現代の働く世代の多くが、かつての世代よりも一層よい学歴を持つと共に、社会の中間層としての中流階級を構成しているからである。かれらはそれゆえ、購買力の増大に過度の期待を寄せる[15]。

他方で、人々の満足をもたらす財・サービスのタイプが問題になる。財・サービスが、働く人の努力した結果を反映することは言うまでもない。ところが現在、よりよい財・サービスは中流階級のえることができる枠の外にある。その典型は住宅である。より望まれる居住地区は、間違いなく中流階級を排除している。かれらは一般に、望ましくない地区や社会不安の高い地区に追いやられてしまった。これと対照的に、かつての高度成長に見舞われた「黄金の三〇年間（一九五〇～一九七〇年代）」に、不動産価格は低下した。中流階級による望ましい不動産の購買力を取り戻すことは、もはや不可能なほどに、その価格は現在高騰したのである[16]。

さらに、人々にとって悪い状況が現れた。それは、経済成長の低下である。実際に二〇一七年以降、フランスの中流階級の人々は経済停滞の中に留まってきた。そこでかれらは、大統領選後の経済復興に希望を託したのである。結果はどうであったか。

マクロンは、二〇一九年にフランス経済が輝きを増すことを約束した。しかし、二〇一八年早々に経済は全般的に後退した。それは国際的環境と結びつく一方、フランス固有の要因としてストライキの多発がある。人々に対する課税の引上げを中心とするマクロン政権の政策に対する怒りは、すでに高まっていたのである。最終的に、国立経済・統計研究所によれば、二〇一八年の第四四半期に成長率はわずか〇・二％であった[17]。それは、期待したものの半分以下である。そこで同研究所は、二〇一九年半ばに一％の成長率を予測する。これは、フランス銀行の予想と一致する。しかし、この値でも、それは二〇一七年の二・三％にほど遠いことがわかる。

社会保険料の軽減や住民税の廃止は、確かに家計の購買力を高めるものの、その効果は明らかでない。他方で、国立経済・統計研究所は黄色いベスト運動のマイナス効果を示す。それは、GDPを〇・一%引き下げるとみなされる。この運動が、とくにフランスの商業と消費に大打撃を与えることは疑いない。こうして、フランスの家計の経済復興に対する信頼は大きく崩れた。この点は、かれらの消費の停滞と貯蓄の高騰にはっきりと現れる。

一方、フランスの雇用も改善されることはなかった。二〇一八年の雇用は、二〇一七年のそれの三分の一以下であった。また、二〇一九年第一四半期においても雇用の改善は見られない。したがって失業率は変わらないままである。二〇一八年一二月に九・一%であった失業率は、二〇一九年春でも九%ほどに留まっている。フランス経済は、間違いなく雇用を創出するほどに十分成長していない。そうだとすれば、家計とりわけ中流階級のそれの購買力が高まらないのは当然であろう。

このような文脈の中で、より低い層に属する中流階級の人々が、経済停滞の真先の犠牲者になることは目に見えている。かれらが苦しみの増す中で崩れゆく姿はまさに、「コーヒー・カップの底にある一片の角砂糖」として表される。[18] かれらの生活上のフラストレーションは、リセッション(不況)の到来と共に高まるに違いない。

フランスの個人的な財務状況は二一世紀に入って著しく悪化した。[19] それは、サルコジ政権下で急落する一方、オランド政権の後半に大きく改善されたものの、依然としてネガティブであった。そしてマクロン政権成立後に、それは再び大きく下落する。その先行きにリセッションが待ち受けているとすればどうなるか。人々のフラストレーションは共に現れ、それが社会解体の引き金になるのは明らかであろう。

新自由主義の下で国家は、社会的利害よりも私的利害を重視した。これにより、一国の人口のつねに最も大きな部分に属する人々は貧困化し、かれらは社会的手当てと購買力を減少させる一方、税金の支払いを増すように強いられた。モラル経済の原則は、このようにして打ち破られた。マクロン政権の下で、そうした現象が鮮明に現れたのである。この政治的暴挙に対して、庶民階級に代表される一般市民が、怒りの声を上げて抗議したのはそれゆえ当然であった。黄色いベスト運動はまさに、その結晶であると言えよう。では、マクロン政権はいかにモラル経済の原則を破棄したのか。次章でこの点をとくに租税政策に焦点を当てながら、より具体的に見ることにしよう。

注

1 Hayat, S., "L'économie morale et le pouvoir", in Confavreux, J., prés., *Le fond de l'air est jaune*, Seuil, 2019, pp.21-22.

2 *ibid*., pp.22-23

3 *ibid*., pp.23-25.

4 Cayrol, R., *Le président sur la corde raide*, Calmann-Lévy, 2019, p.84.

5 Rozan, J.-M., *Macron maillot jaune*, Coup de gueule, 2019.

6 *ibid*., pp.117-120.

7 Péléraux, H., & Plane, M., "La situation conjoncturelle : croissance sous tention? ", in OFCE, *L'économie française*, 2019, La Découvete, 2018, p.16.

8 *ibid*.

9 Madec, P., Plane, M., & Sampognaro, R., "Premier budget du quinquennat d' Emmanuel Macron : quel impact

sur la croissance et le pouvoir d'achat ? "in OFCE, *op.cit.*, p.105.

10 Barthet, É., "Pouvoir d'achat : les chiffres et les maux", *Le Monde*, 17, novembre, 2018.

11 Madec, P., Plane, M., & Sampognaro, R., "Quel impact redistributif des mesures du budget 2018-2019 ? ", in OFCE, *op.cit.*, p.98.

12 Tonnelier, A., "Les mesures d'urgence ont dopé le pouvoir d'achat", *Le Monde*, 25, janvier, 2019.

13 Madec, P., Plane, M., & Sampognaro,R., *op.cit.*, p.99.

14 Chauvel, L., "Le ressenti ne ment pas", in Confavreux, J., pres., *op.cit.*, p.85.

15 *ibid.*, pp.86-87

16 *ibid.*, p.87.

17 Barthet, É., "La croissance française s'étiole un peu plus", *Le Monde*, 20, décembre, 2018.

18 Chauvel, L., *op.cit.*, pp.88-89.

19 *ibid.*, p.89.

第四章　租税システムの不公正

一．マクロン政権下の予算案と租税対策

以上に見たように、フランスでは所得格差が異常なほどに拡大し、それに伴って人々の間で購買力の相違がはっきりと現れた。経済的不平等は間違いなく高まっている。こうした文脈の中で、それに追い打ちをかけるような租税対策がマクロン政権の予算案で示された。そこで最初に、この点をパリ・シアンス・ポリティークの研究所による分析にしたがって確認することにしたい。

二〇一八年の予算案で示されたプライオリティは明白であった。それは、資本に対する課税と企業への課税の削減として示される。[1] 資本に対する課税は約五〇億ユーロ削減される一方、企業に対する課税の削減もオランド政権から引き続いて行われた。それは、二〇一八年に八〇億ユーロ減少した。この削減は、法人税（impôt sur les sociétés：IS）の低下、及び競争力と雇用のための課税減免の効果

から成る。

要するに、富裕者に有利な資本に対する課税削減と企業に有利な課税削減が二〇一八年の予算案の主たる特徴であった。これに対し、家計の購買力に影響を及ぼす租税は明らかに増大した。タバコと燃料に対する間接税の引上げによる税収は約五〇億ユーロに達する。この増収分はちょうど、資本に対する課税の減収分に相当する。これほど富裕者に都合のよい租税調整はない。

他方で、一般社会保障負担税も引き上げられた。それは三五億ユーロにも上り、その分は賃金労働者の社会保険料の低下で再均衡されることがない。また、住民税の部分的改革と一人当りの税支払い減免の拡大も、以上の租税対策を補うのに十分でない。

さらに、二〇一八年の予算案では日程の問題も重要となる。一般社会保障負担税は二〇一八年一月から一・七ポイント上昇し、間接税も引き上げられるのに対し、住民税の低下は一般社会保障負担税改革よりもはるかに遅れる。[2] したがって、このタイム・ラグがある以上、その間に裕福でない人々の生活が苦しむことは目に見えている。同税も間接税も、低所得者や低年金受給者にとって不利な逆進税だからである。

パリ・シアンス・ポリティーク景気循環研究所（ＯＦＣＥ）は、二〇一八年に家計の購買力に対して租税の効果がどのように変化するかを、次のように分析する。[3] まず第一四半期で、家計の可処分所得は〇・五％削減される。それは一般社会保障負担税、燃料税、並びにタバコ税の引上げによる。この分は、賃金労働者の社会保険料の低下で直ちに補われることはない。その後、第二・三四半期で家計の購買力は維持される。それは、直接税の低下と連帯富裕税改革をつうじてである。ということは、購買力に租税が貢献するのは結局、富裕者にすぎないことを示している。実際に、間接税の引上げは依然として低所得者にマイナスの効果を発揮し続け、かれらに圧力を加える。そして最終的に第四四半期において、購買力は初めてネットで一・二ポイント増大する。それは、第二四半期に行われる社会保険料の低下と住民税の改革による。

このようにして見ると、マクロン政権の二〇一八年における租税対策が家計の購買力にプラスの効果を発揮するのに、相当の時間を要すると言わねばならない。それまで低所得者や低い年金の受給者は、じっと我慢する以外にない。事実、パリ・シアンス・ポリティーク景気循環研究所は、全体の五％に当たるそれほど裕福でない家計は、間接税の増税によるマイナスの効果で、その生活水準を低下させるという分析結果を表している[4]。

では、二〇一九年はどうなるか。確かに、家計に対する課税は低下する。とくに住民税の改革や賃金労働者の社会保険料の軽減が、そのことに貢献するのは疑いない[5]。しかし他方で、企業の側も課税削減の恩恵を大いに受ける。その削減はむしろ、家計のそれよりはるかに大きい。二〇一九年に法人税は継続して低下する。また競争力と雇用のための課税減免の転換と結びついた約二〇〇億ユーロの例外的免除もある。これは、雇用者の社会保険料を六ポイント引き下げる。さらに、そうした課税減免の対象となる賃金も、フランスの最低賃金にまで下げられる。

フランスの租税はこのように、二〇一九年に入って家計に対しても、またそれ以上に企業に対しても大きく削減される。そこで問題となるのは、そうした税収の低下をどのようにして埋めるかという点である。実は、マクロン政権はその減収分を公共支出の減少で補おうとする。この調整は第一に、非商業セクターの賃金全体に対してなされる。それは、物価変動調整（スライド式）の凍結を伴う。こうして、地方自治体の賃金はコントロールされると共に、雇用支援も削減される。一方、大きな支出項目の一つである住宅支援も見直される。「住宅個人援助（aide personnalisée au logement：APL）」が減少したのである。他方で、家族政策は改革され、医療支出の増大も継続してコントロールされた。

これらの対策が公共支出の削減に寄与し、それによって税収減をカバーすることは間違いない。しかし、ここで留意すべき点は、そうした公共支出減少の及ぼすマイナスの効果である。公共支出の削減は、明らかに社会保障の質を低下させる。一方、住宅政策や家族政策の改革は、家計とりわけそれほど裕福でない家計に大きな打撃を与えるに違いない。それによって家計の購買力が縮小することも疑いない。これらのことは一体何を意味するか。この点をGDPに与えるインパクトという観点から見ることにしたい[6]。

まず、資本に対する課税と法人税の低下は、二〇一八年から二〇一九年にかけてGDPを〇・二ポイント改善する。また、競争力と雇用のための課税減免の例外的な転換は二〇一九年にGDPの〇・〇六ポイントの効果を与える。これに対して燃料税の引上げは逆に、二〇一九年にGDPを〇・二ポイント減少させる。一方、公共支出の削減も経済成長を抑制する要因となる。それは、GDPを〇・四ポイント押し下げる。こうして、二〇一九年の公共支出（公共投資以外）による構造的効果は明らかに、二〇一七年のそれに比べて低下する。それは主として、国家と地方自治体における賃金全体の低下による負担上昇の下で、また雇用支援の縮小の下で生じる。この点と対照的に、公共投資は二〇一九年にGDPを〇・二ポイント改善すると見込まれる。

このようにして見ると、二〇一八年以降のマクロン政権の租税対策は、一般社会保障負担税と間接税の引上げ、並びに公共支出の削減によって、フランス経済を復興させるどころか逆に停滞ないし低下をもたらすと言ってよい。低所得層から成る庶民階級が、この文脈の中で生活困難に見舞われる最大の犠牲者となることは疑いない。

二 富裕者と企業に有利な租税システム

(一) 富裕者に対する課税の減免

連帯富裕税の廃止 現在マクロンは、かつてサルコジに対して名付けられた「金持ちの大統領」という呼称から、さらに進んで「超金持ちの大統領(président des ultra-riches)」とさえ称されている。[7] なぜそのように呼ばれるのか。それはマクロンが、富裕者とりわけ超金持ちに有利となる租税システムを大統領の就任早々から設けてきたからに他ならない。この点を象徴的に物語るのが、連帯富裕税の廃止であった。[*]

実は、この連帯富裕税の廃止は、マクロンが大統領選候補者として名乗りを上げた段階からすでに予定されていた。[8] 二〇一六年一〇月一九日に、BNPパリバ(Paribas)の元総裁が開いた晩餐会で、彼は、もし大統領になれば同税を終了させることを誓ったのである。マクロンはそこで、「連帯富裕税は左派の政策である」と断言する。そして、この誓いの代わりに、彼の主導する「前進(後の共和

図4-1　連帯富裕税による収入、1990～2022年（10億ユーロ）

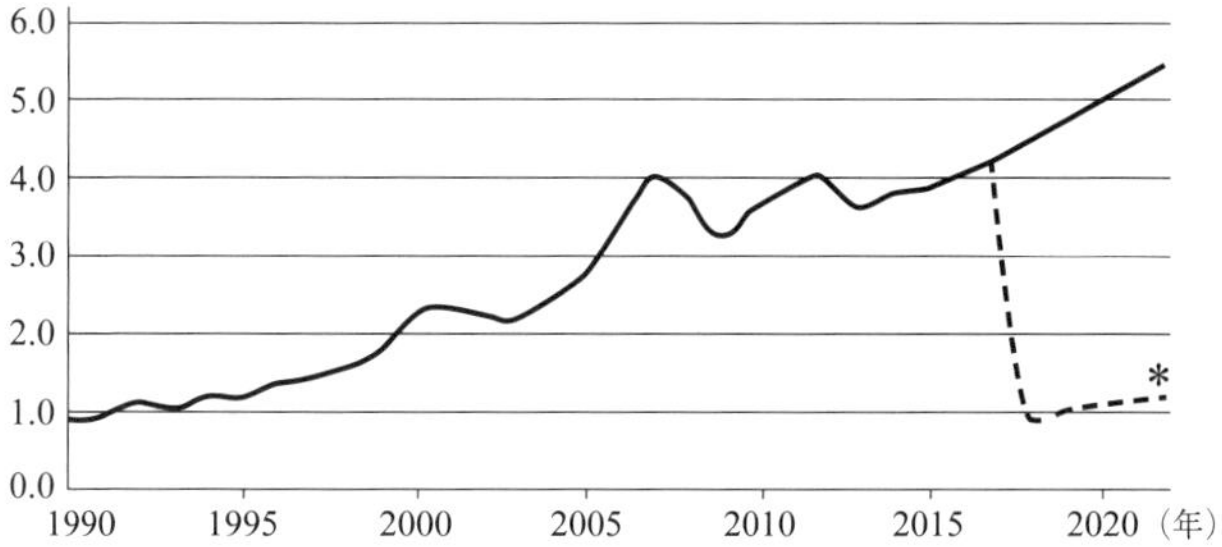

注：＊不動産資産税（IFI）に転換した後の収入。
出所：Piketty, T., "Le couleur de la justice fiscal", in Confavreux, J., prés., *Le fond de l'air est jaune*, Seuil, 2019, p.81 より作成。

国前進）」の選挙資金をＢＮＰパリバは引き受けることになる。彼が大統領就任後まもなくの二〇一七年一〇月一二日に、五年間の政権期間における最初の改革として同税の廃止を決定した背景に、以上のようなＢＮＰパリバとの約束があった。我々はこのことを忘れてはならない。これによってマクロンは、より裕福な人々に対して恐ろしいほどの贈り物を与えたのである。

この連帯富裕税の廃止に対し、研究者の間で数多くの批判がなされた。中でも、あのピケティは、それは歴史に残る愚策として痛烈に批判している。[9]彼はそこで、同税廃止の正当性を問う。マクロンは、同税がフランスから資産を流出させているとする考えに依拠して、その廃止を正当化した。しかし問題は、そうしたマクロンの認識そのものが、事実に即して見ると完全に誤っている点である。ピケティはまずこのように押える。実際に一九九〇年以来、連帯富裕税によって申告された資産の数と額はめざましく増大してきた。[10]それは図

＊連帯富裕税について詳しくは、前掲拙著『社会分裂に向かうフランス』二五四ページを参照されたい。

4－1に見られるとおりである。この増大は、とくに金融資産の一層の発展による。全体として同税による税収は、一九九〇年に比べて二〇一七年に四倍に増え、それは四〇億ユーロ以上に達している。この伸び率は、GDPのそれの二倍ほどである。

ところがそうした中でも、連帯富裕税に対する課税上のコントロールは、十分では決してなかった。収入に対する課税の事前申告は、この一〇年間に同税には適用されてこなかった。[11] そこで、もしも最良の行政を施せば、同税による収入はさらに増えるに違いない。こうしてピケティは、連帯富裕税の廃止によってフランスの財政収入は、二〇二二年まで年に少なくとも五〇億ユーロ損失するとみなす。

この損失の試算が正しいかどうかは別として、ピケティの分析から判明することは、連帯富裕税の廃止が明らかに富裕者を有利とするものであり、それによる税収の不足分を何らかの他の手段で取り戻す必要があるという点であろう。もしもその分を富裕者でない庶民全体が負担するというのであれば、これほど理不尽な話はない。

ところで、このようなピケティによる連帯富裕税廃止に対する鋭い批判がある一方、マクロン政権の経済プログラム作成を担当したJ・ピザニ－フェリー（Pisani-Ferry）は、あくまでも同税の廃止案を支持する。この点について彼は、ル・モンド紙とのインタビューで次のように答える。[12] 同紙が、同税の再建の必要があるかと問うのに対し、彼はその必要を否定する。ピザニ－フェリーは、同税は非常に悪い税であったと唱える。なぜなら、それは、最も富裕な人々によっては大して支払われてこなかったからである。この考えは正当化できるであろうか。

彼の経済プログラムはそもそも供給派経済学の視点からつくられている。それゆえ、基本的にはトリック・ダウン効果の観点から富裕者に資金を集めることが是認される。今、この点に関する議論はさておくとしても、ここで問題とすべき点は、なぜ富裕者はこれまで連帯富裕税をそれほど払ってこなかったのかという点ではないか。そこには、ピケティが正しく指摘したように、同税に対する行政上のコントロールの不十分さがあったと言わざるをえない。最富裕者層は、そのコントロールからうまく逃れることができた。つまり、かれらが払っていないことが問題なのではなく、かれらに払わせていないことの方が問題なのである。この点で、ピザニ－フェリーの主張を受け入れることは到底できない。

資本に対する課税のフラット化

さらに憂慮すべき点は今日、多くの先進諸国で米国とイギリスを皮切りに累進税の崩壊が始まっている点である。事実、ドイツやスウェーデンを筆頭に欧州大陸でも累進税は崩壊の危機にある。フランスでは、約一五万六〇〇〇ユーロ以上の上位の所得に対して四五％の税率、また約九万九〇〇〇ユーロから二万七〇〇〇ユーロの所得に対しては一四％の税率という累進税の原則がある。[13] しかし、この原則はマクロンの改革で廃棄された。資本所得に対する課税が「単一徴収課税（prélèvement forfaitaire unique：PFU）」に変わったからである。それは一般に、フラット税と呼ばれ、三〇％に固定された。しかもそこには、社会保険料や連帯のための負担金も含まれている。さらに考慮すべき点は、今日のフランスの富裕者は、資本所得を生むべき金融商品のほとんどを所有している点であろう。かれらの金融資産がますます増大していることは疑いない。

こうした文脈の中で、富裕者を一層優遇する政策を打ち出すことは、まさに愚の骨頂と言わねばならない。事実、富裕者は連帯富裕税の廃止と単一徴収課税の二つから莫大な利益をえることができる。最上位所得の一〇〇名の連帯富裕税支払い者は、それらによって年平均五八万二三八〇ユーロもの利益をえられると試算される。ここにはもはや、富裕者から貧困者への社会的資金移転という発想は微塵もない。

出国税の廃止　一方、マクロンは二〇一八年五月一日に、フランスの全国民に出国税（exit tax）の廃止を宣言した。[14] そもそも資本所得に課されるキャピタル・ゲイン税は、一国の居住者が株式を売却するときにかかるものである。そこで居住者は、含み益を持つ株式をタクス・ヘイヴン（税逃避地）のような非課税国に移転して売却する。それゆえ、この脱税行為を防ぐために、株式の国外転出時に対する課税として出国税が設けられた。つまり、出国税は脱税に対抗する一つの対策であった。今回マクロンは、出国税こそが資本の自由な対外移動に対する阻害要因になると判断する。彼は、「人々は投資したい所に自由に投資する」ことを促す。[15] ここには、資本投資家としての富裕者を有利とする配慮はあっても、かれらが犯す脱税行為に対する批判意識は全く見られない。マクロンが、なぜ金持ち、さらには超金持ちの大統領と呼ばれるかは、この点からもよく理解できる。

(二) 企業優遇の租税システム

他方で、マクロンは企業に対しても税制上の優遇を強めた。それは第一に、競争力と雇用のための課税減免の一層の強化となって現れた。この課税減免はもともとオランド政権のときに設けられたものであり、そのねらいは、フランス企業の競争力と雇用の促進であった。しかし、それは見事にはずれてしまった[*]。それなのにマクロンは、逆にそうした課税減免をより強める政策を打ち出す。二〇一九年一月から、これにより雇用者の社会保険料は永続的に低下する方向に収斂することが謳われたのである[16]。この課税減免によって企業は、二〇一九年に二倍の利益をえると言われる。その額は四〇〇億ユーロにも達し、それはGDPの二％に値する。

一方マクロンは、企業に対して賃金にかかる税金を引き下げた[17]。銀行と投機ファンドはこれによって、トレーダーの高い賃金に対する税金を低く抑えることができる。こうしてフランスの企業は、マクロンの課税の減免措置により、多大な恩恵を受けることになった。それでは、そのようにしてえた利益が実体経済に投資として反映され、雇用を増やすかと言えばそうではない。実は、その利益は株主への配当金の増大分に化けてしまった。この点は、とりわけフランスのCAC40として表される大企業に関して鮮明に現れたのである。

このようにして見ると、富裕者は、資本所得に対するフラット税により、また企業は競争力と雇用のための課税減免により、各々利益を投資家に還元させることができる。これを図式化すれば、次のような流れになるであろう。競争力と雇用のための課税減免→企業の利益増→配当金増→フラット税による投資家の資本所得増→投資家の株式投資増→企業の自己資本増。マクロンによる一連の租税改革は、まさにこのプロセスを加速する。こう言ってよい。

* この点について詳しくは、前掲拙著『社会分裂に向かうフランス』三六ページを参照されたい。

三．租税の不公正感の高まり

(一) 一般市民に対する課税の増大

以上に見たように、マクロン政権下で、富裕者と企業に対して減税ないし免税がなされた。これは当然、政府にとって大きな税収減を意味する。そこで政府は、それを埋め合わせるために今度は、一般市民全体に対して増税を試みた。それらはすでに見たように、タバコ税や燃料税などの間接税の引上げとして現れる。しかし、それればかりでない。ここで一番注視すべきは直接税としての一般社会保障負担税の引上げである。

一般社会保障負担税は、一九九〇年に創出された直接税であり、それは所得に比例して課せられる。しかし、これは固定した税率のものであるため、すべての所得者に同じ比率で課せられてしまう[18]。したがって同税は、低所得者に対して負担をより重くさせる逆進的な直接税であると言ってよい。これによりフランスで収入をえる全国民は、間接税と一般社会保障負担税の二つの逆進税を課せられることになる。我々はまず、この点を銘記しなければならない。

しかも、この一般社会保障負担税による税収は、一九九一年に三七〇億ユーロであったのに対し、二〇一六年には九七一億ユーロにも達して所得税を上回った。こうして同税は、フランスの租税システムにおける累進性を極めて弱める結果を生んだ。そして今回、マクロン政権下で同税が引き上げられたことにより、そうした傾向にますます拍車がかけられたのである。

このように、一般社会保障負担税は逆進的租税であるがゆえに、その引上げには根本的な問題のあることがわかる。さらに留意すべき点は、この税の内容が一般の人々によく理解されていないという点である。実際に、一般社会保障負担税は所得に比例的である一方、それが累進的でない点を知っているフランスの納税者は、ある調査によれば回答者全体のたった四%にすぎない[19]。こうした文脈の中で、マクロンは同税を引き上げたのである。それは、国民の連帯の目的という点で説かれた。彼は一方で、それこそ「連帯」の目的で課せられた連帯富裕税を廃止したのに対し、一般社会保障負担税については連帯を強調すると共に、その累進性を認めようとしない。このことからも、マクロン政権の租税対策が、まさに富裕者を優遇したものであることは一目瞭然であろう。

一般社会保障負担税は二〇一八年一月より一・七ポイント増加した。この分は、収入をえるすべての市民に係る。その中には年金生活者も含まれる。とくに低額年金の受給者にとって、同税の引上げが生活困難をもたらすことは間違いない。この点をマクロンは全く理解できない、否、理解しようとしないのである。ここで驚くべき彼の応答が見られる。ある高齢の女性の年金生活者が、今まで働いていたものを貴方は吸い上げていると訴えたのに対し、マクロンは、経済復興支援のために少し協力をお願いしたいと答えた[20]。より裕福な人々に対して連帯富裕税を撤廃しながら、どうしてそのようなことが平然と言えるのか。実際に当時、一般社会保障負担税の引上げで年金生活者は一様に怒っていたのである。ここに、マクロンと政府の傲慢さがはっきりと現れている。彼はまさしく、貧困者からカネを取り上げて富裕者にそれを与えるという姿勢を露にした。これではフランスの人々、とりわけ低所得の庶民は、あのロビン・フッド（Robin Hood）の再来を期待するしかない。

(二) 租税のうんざり感

フランスの人々はオランド政権以来、うんざりという感情を抱いている。[21] これは、フランスの租税システムに対する人々の強い不満を如実に物語る。同時にそれは、租税の不公正から生ずる社会的不平等をも表す。このうんざり感という言葉は、実はかつて国民戦線(FN)が一九八三年の選挙キャンペーンで盛んに使ったものである。[22] それは、人々とりわけ庶民の失業、租税、並びに移民にうんざりしている気持ちを代弁するものであった。そしてこの言葉は、その後も租税に抗議する際に毎回使われたのである。

世論調査によれば、燃料税の引上げに対して七割以上の人が、それは悪い選択であると答えている。[23] とくに庶民階級と年金生活者の間で、この増税に対する批判が強い。かれらの三分の二以上が、それは社会的不平等を悪化させると考える。この傾向は、前政権のときよりもはるかに明らかとなった。中でも年金生活者の九割以上が、一般社会保障負担税の引上げに抗議し、その引下げを強く求めている。

他方でマクロンは、連帯富裕税を廃止したからには、「金持ちの大統領」というレッテルを拭い去ることができない。世論調査で回答した人の七割以上は、政府が「特権的なカテゴリーに対する課税を低減させている」とみなす。また半分以上の人々は、マクロンの租税政策が大統領選のキャンペーンにおける約束を反故にすると捉える。この数値は、オランド政権のときの何と倍以上である。

一方、租税の公正さについても、それを認める人々は全体のたった一六%にすぎない。オランド政権のときでさえ、その値は二一％であった。この点を踏まえると、人々がマクロン政権の租税をいかに不公正と考えているかがよくわかる。とりわけ連帯富裕税の廃止と資本に対する課税のフラット化に対する人々の反対が強い。かれらはこうして、マクロン政権の租税対策に怒りの声を上げたのである。

ところで、人々が国家の課す税金に同意するかどうかについて、フランスでは真っ二つに意見が分かれる。[24]ル・モンド紙の調査によれば、税金の支払いが「市民の行為」とみなす人々は、四五歳以下で人口二万人以下の地区住民、並びに庶民階級（従業員、工場労働者、並びに税金を支払えない人）の間で少数を示す。これに対し、上級の学歴保有者、高額所得者、並びに一〇万人以上の都市住民は、その行為を是とする。このように、租税に対する人々の評価は、まさしくフランス社会のヒエラルキーによる分断を見事に反映している。

実際に、税金の徴収を過剰と判断するのは、社会的により低い地位にある人々の間で一層明白である。庶民階級の実に七割以上がそのように考える。一方、税金の利用に関する国家の行為に対しても、田舎の住民や庶民階級の九割弱が批判する。このようにして見れば、燃料税引上げに対して低所得層のフランス人が抗議運動を引き起こしたのも、何ら驚くべきことでない。

では、フランスの人々の間でどうして以上のような傾向が現れたのか。そこには、租税に関する本質的な問題が潜んでいると言わねばならない。パリ第一大学教授のM・ブヴィエ（Bouvier）は、ル・モンド紙とのインタビューで、この点について次のように語る。[25]まず、なぜ税金支払いの義務の意義が失われているのか、言い換えれば、課税の正当性はあるのかという問いに対し、彼は、経済学の考えがケインズ主義からリベラリズムに移行したことを指摘する。このことは、国家による管理を企業の論理に有利なように変えてしまった。これによって税金を支払うべき市民は、払ったカネが自分達のために使われていないと感じる。それゆえかれらは、もはや税金を支払いたくない。

租税はそもそも二つの側面を持つ。一つは、公民精神に基づく義務であり、もう一つは、租税の社会的機能である。実は今日、この後者がますます消えゆく傾向にあると言ってよい。こうした中で、フランスの人々の租税に対する不公正感が一層高まった。それは、一般社会保障負担税の引上げで噴出した。同税は、フランスの財政の姿と考えを一変させたのである。他方で累進税は、付加価値税（TVA）や一般社会保障負担税により陳腐化してしまった。これは言うまでもなく、租税による再分配的連帯の原則を侵食するものであった。フランス人は、政府による税金の使い方は悪いと認識し始めた。この点は、公共サービスの劣化と強く結びついていた。しかし、それにも拘らず政治家は、租税システムに関して公やけに議論する必要を伏せてきたのである。

ブビエは、フランスにおける租税システムの本質的転換を以上のように捉えた上で、その不公正さを正しく唱える。実際に政治家は、この点が暴露されることを恐れた。かれらはまさに、それをパンドラの箱にしまっておきたかった。ところが現在、フランスの人々、とりわけ庶民階級は租税に対して反逆し始めたのである。

このような中で、政府与党である共和国前進の議員においても、そうした庶民の動きの要因が、不公正な租税であることを率直に認める議員が現れた[26]。かれらは、この一八ヵ月間にわたる諸々の改革は、誰も理解できないと共に、あまりにテクノクラート的であるとみなす。まさに黄色いベスト運動は、租税の不公正に反対する怒りの表現であり、マクロン派の議員は「自分の過ちを認める（mea culpa）」ときである。かれらはこの観点から、連帯富裕税の廃止に異議を唱えた。なぜなら、それが租税の不公正感を象徴的に高めたからである。

このような、共和国前進の議員による根本的な反省の姿勢は十分に評価されるべきであり、それはまた、フランスの社会モデルの再建にとって一つの安心材料を提供するに違いない。しかし問題となるのは、そうした良心的な議員の同党に占める割合である。この割合が低いままであれば、連帯富裕税の復活もないだろうし、また租税システムの改善もないであろう。

フランスを代表する世論調査機関の代表テーンチュリエは、ル・モンド紙とのインタビューで、黄色いベスト運動に参加する人々の感情について次のように答える。[27] かれらは、たんに社会の中で無視されているだけでなく、そこから逃れることもできないという気持を抱いている。こうした感情は、以上に見たようなマクロンの遂行した諸改革で高まった。しかもマクロンの意思決定の仕方が、極めてテクノクラート的で冷淡であり、人々との間の距離を広げたことも、反マクロン感情に拍車をかけたと言ってよい。彼の政策はまさに、社会の分極化を煽ることになったのである。

このようにして見れば、租税システムに由来する社会的不公正感を除去するには、富裕者に対して一層の税を課す以外にない。それはまずもって、連帯富裕税の復活となって現れてよい。果たして、マクロン政権にその意向があるか。少し先取りすることになるが、それは全くないことが判明している。[28] 他方で大きな問題となるのは、同税の廃止と企業に対する課税の低減で生じる税収の不足分をいかに埋めるかという点である。フィリップ首相は、それを公共支出の削減で実現させるように企図する。それは、公務員ポストの減少という形で表される。これが、公共サービスの悪化につながることは言を俟たない。一般の人々とりわけ庶民の怒りが、これらの対策で収まるはずはない。

一方、連帯富裕税の廃止に関して、もう一つの非常に重要な問題がある。それは、同税によるフランスの慈善団体に対する寄付が、その廃止で途絶えてしまうという点である[29]。実際にフランスの慈善団体は、通常かなりの資金を個人から集めると言われる。そこで今までは、富裕者の支払う同税の一部がそれに加えられていた。ところが同税が廃止された以上、かれらが多額の寄付金を失うことになるのは目に見えている。そして、その影響を最も受けるのが医療機関である。かれらは、前代未聞の寄付の減少に見舞われた。それはまさに「社会的津波」とさえ表現された。連帯富裕税の廃止はこのように、フランスの社会的慈善に大いに支障を来たしたのである。

他方で、フランスの租税システムについて、さらにもう一つの非常に由々しき事実がある。それは所得税（impôt sur le revenue : IR）の問題である。この税は、原則として累進的であり、したがってその税率は、所得水準の上昇に合わせて比例的以上に引き上げられる。

そこで問題とされるべきは、フランスでこの累進税の占める地位があまりに低いという点である[30]。言い換えれば、フランスの所得税はそもそも、富裕者に対して厳しいものではない。こうした文脈の下で、先に見たように逆進的な直接税としての一般社会保障負担税が引き上げられ、かつまた資本に対する課税のフラット化が進められればどうなるか。それほど裕福ではない人々の、租税に対する不満が一挙に高まることは間違いない。

所得やその他の収益に対する累進税は、民主主義における社会的な連帯と統合の根本に位置付けられねばならない。それをないがしろにする一方で、逆進税を促すことは結局、そうした連帯と統合の道を閉ざして専ら分裂を深めることになる。こう言ってよいのではないか。

注

1 Madec, P., Plane, M., & Sampognaro, R., "Premier budget du quinquennant d'Emmanuel Macron : quel impact sur la croissance et le pouvoir d'achat ? ", in OFCE, *L'économie française* 2019", La Découverte, 2018, pp.105-106.
2 *ibid*., p.101.
3 *ibid*., p.110.
4 *ibid*., p.104.
5 *ibid*., pp.106-107.
6 *ibid*., pp.107-108.
7 Pinson, M., & Pinson-Charlot, M., *Le président des ultra-riches*, Zones, 2019.
8 *ibid*., pp.15-16.
9 Piketty, T., " 《Gilets jaunes》 et justice fiscal ", *Le Monde*, 9-10, décembre, 2018, do., "Le couleur de la justice fiscale"in Confavreux, J., prés., *op.cit*.
10 Piketty, T., "Le couleur de la justice fiscale", in Confavreux, J., *op.cit*., p.80.
11 *ibid*., p.81.
12 Floc'h, B., Pietralunga, C., & Tonnelier, A., "Il faut rendre de la voix aux Français", *Le Monde*, 12, mars, 2019.
13 Pinçon, M., & Pinçon-Charlot, M., *op.cit*., p.19.
14 *ibid*., p.21

15 *ibid*., p.23.

16 Pinçon, M., & Pinçon- Charlots M., *op.cit*., pp.27-28.

17 *ibid*., pp.29-30

18 Spire, A., *Résistances à l'impôt attachement à l'état—Enquête sur les contribuables français—*, Seuil, 2018, pp.26-29.

19 *ibid*., pp.34-35

20 Pinçon, M., & Pinçon-Charlot, M., *op.cit*., pp.124-125.

21 Tonnelier, A., "La grande défiance fiscale des Français", *Le Monde*, 23, novembre, 2018.

22 Spir, A., *op.cit*., p.39.

23 Tonnelier, A., *op.cit*.

24 Courtois, G., "Revenus, âges, lieux de vie : les deux France du consentement à l'impôt", *Le Monde*, 23, novembre, 2018.

25 Courtois, G., & Tonnelier, A., "La fonction sociale de l'impôt est de plus en plus évanscente", *Le Monde*, 23, novembre, 2018.

26 Lemarié, A., & Rescau, M., " 《Gilets jannes》 : le mea culpa des élus LRM" *Le Monde*, 22, novembre, 2018.

27 Courtois, G., " 《Les gilets jaunes》 se sont sentis ignore", *Le Monde*, 9-10, décembre, 2018.

28 Floc'h, B., & Tonnelier, A., "Un aggirnamento social et fiscal à 10 milliards d'euro", *Le Monde*, 11, décembre, 2018.

29 Rey-Le febvre, I., "Les Français sont moins généreux", *Le Monde*, 10, janvier, 2019.

30 Rémy, P-L.,"L'impôt progressif occupe une place derisoire", *Le Monde*, 10, janvier. 2019.

第Ⅲ部

社会モデルの崩壊

第五章　社会分裂の深化

一．フランス国民の分裂

社会運動の様相を呈した黄色いベスト運動はまさに、現代フランス社会の歪みをそのまま反映していた。それだからル・モンド紙は、同運動の勃発から一貫して、それを社会危機の枠組で論じたのである。この社会危機はまた、フランスの社会分裂を表した。それは二つの分裂、すなわちエリート対民衆という国民の分裂、及び大都市対周辺部という地域の分裂となって現れた。これらの分裂は今日、いかに深まっているか。この点をまず、国民の分裂に関して見ることにしよう。

（一）民衆の怒りの高まり

二〇一八年一一月一七日の黄色いベスト運動アクトIの直後に、共和国前進の総裁、G・ルグランドル（Le Grendre）は、「これはエリートに反対するように向けられた怒りである」と語った。[1] このような認識は、他の同党の議員にも見られた。一国の転換は人民と共にしかできないのに、マクロンもフィリップも人々の怒りの声を聞こうとしない。かれらはこのように唱えた。確かに黄色いベスト運動は皮肉にも、マクロンが勝利したことで生み出された。それゆえ同運動の参加者は、反マクロンの闘いに収斂する。かれらは、何もしなければ政府が勝つだけであるとみなした。[2] ただし、かれらは市民戦争を起こすつもりがないことで一致していた。この点を忘れてはならない。

実際に、今日のフランス国家による統治は、エリートであるテクノクラートの掌中にある。かれらは、フランスの人民を分断してしまった。[3] これによりエリートは、人民とりわけ庶民階級の怒りを買った。この怒りはまさしく社会的怒りに転化した。それは、統治するエリートの裏切りと人々に対する秘密の行動への強い疑いから生まれた。この後者は、マクロンが二〇一八年一二月一〇日に「マラケシュ協定（Pacte de Marrakech）」に署名したことに典型的に示された。[4] これによりフランス政府は、大量の移民を受け入れる必要がある。この移民問題こそが、現在のフランスの人々にとって最重要な問題の一つであるにも拘らず、その受入れが大統領の一存で決められてしまった。これでもって、とりわけ多くの移民と暮らすことになる庶民階級の怒りが収まる訳はない。マクロンは、かれらの意見を直に聞こうとはしなかったのである。

黄色いベスト運動の参加者は、貧しい労働者、年金生活者、並びに小企業の経営者などの非エリート層で占められている。かれらは、これまでの政府の仕方に対するうんざり感による怒りの気持ちを高めた。この怒りは例えば、脱工業化の影響で大打撃を受けた工場労働者にはっきりと現れた。事実、自動車工場に依存したある工場労働者の町で、失業率は二四％弱、また貧困率は三〇％弱にも上る。[5] したがって、かれらの怒りは生活困難から生まれる現実に即した怒りであり、それはたんなる感情の産物では決してない。そして留意すべき大事な点は、そうしたほんとうの怒りを表す参加者の間で、強い仲間意識（camaraderie）がつくり出されている点である。

（二）富裕者優遇政策の継続

では、このような民衆の怒りが高まる中で、マクロン政権はそれを鎮めるための政策を採ってきたであろうか。事態は全くその逆であった。かれらは、富裕者を優遇する政策を採り続けることで、貧困者の怒りを煽ることになる。すでに見たように、そうした政策はとくに租税対策で明白に示された。それが、連帯富裕税の廃止となって典型的に表されたことは、もはやくり返して述べる必要がないであろう。

　黄色いベスト運動は、連帯富裕税の復活を強く要求した。しかしマクロンは、それはありえないとする姿勢を全然崩していない。[6] 本来であれば、同税に関して国民の間で議論しなければならないのに、マクロンはそれを拒絶する。こうしたマクロンの基本的姿勢に対し、同運動の参加者や支持者がどのように感じたかは火を見るより明らかであろう。共和党の総裁、E・ウエルト（Woerth）が語ったように、「マクロンは怒りを解決に転換させたいと述べるが、しかし彼は、自分で怒りを高めさせるように転換した」のである。

実際に連帯富裕税の復活を強く求めたのは、黄色いベスト運動に限らない。地方自治体も、それが租税の公正と富の最良の分配をもたらすことを訴える。[7] 他方で、同税の復活に二の足を踏む政治家はマクロンだけでない。フィリップ首相は、大統領が選挙キャンペーンで約束したことについて再検討することは問題にならないと語る。また財務担当相のダルマニンも、「連帯富裕税は愚かな租税」という考えをくり返し述べる。政府の閣僚は、同税はマクロンの提起した大討論の対象になるものの、それは必ずしも復活を求めるものではないと唱えた。そして政府スポークスマンのB・グリヴォー(Griveaux)に至っては、このテーマは討論のテーブルにも乗らないとさえ発言したのである。

連帯富裕税廃止の正当性に論拠がないことは先に見たとおりである。ここで驚くべきことは、その正当性の誤りを一切認めようとしないマクロンと政府の横暴さではないか。これでは、黄色いベスト運動の参加者は怒りからさらに進んで、マクロンに対する憎しみと恨みを覚えるに違いない。こうした人々の感情の変化が、あの大暴動を引き起こしたとみなしても何ら不思議ではない。

このような中で、かれらの怒りによるデモは、フランスの銀行を破壊の対象とした。もちろんそうした行為は、今度が初めてではない。しかし、今回のパリにおける銀行破壊ほどすさまじいものはなかった。[8] それはまた、かれらの金持ち、とくに超金持ちとそれを保護するマクロンに対し、いかに強い憎しみを抱いているかをよく物語っている。この破壊行為は極めてシステマチックであり、銀行の被害も甚大であった。しかも、そうした銀行を攻撃する行為はフランス全土に及んだ。例えば、ソシエテ・ジェネラル(Société Général)では、全体で一二一の支店が大きな被害を受けた。金融危機から一〇年経って、人々の銀行に対するイメージは非常に悪化した。脱税やマネー・ローンダリングに対する不透明感が、銀行に対する反感を一層高めた。銀行こそが、まさに現代の過剰な金融資本を動かす富の象徴である。裕福でない人々の眼にそのように映ったことは疑いない。かつて、あのV・ユゴー（Hugo）は「金持ちの天国をもたらせているのは貧乏人の地獄である」と語った[9]。今こそ、この箴言を思い起こすべきではないか。

そこで考えるべきは、そうした暴動が発生することの根拠であろう。それはたんに、右派と左派の過激派、及び専門的な破壊屋のなせることとして済ます訳にはいかない。暴動に加わった人々の中に、一般市民の参加者が含まれていたことは間違いない。そうだとすれば、なぜかれらが暴力行為に走ったのか。この点が問われねばならない。

そもそもフランスの市民は、国家による決定の有効性を信じている。ところが、ここに政治のパラドックスがある。もしもかれらの決定が、市民に何の相談もなく行われるような垂直的統治によるのであればどうなるか。そこには、トップ・ダウンに基づく権力構造のリスクが潜む。このリスクは、不可避的に人々の暴動につながるであろう[10]。この暴動は、権力による市民の存在否定という事実から発生する。唯一人の人物に権力が集中することは、その人物と人民との関係に絶対的な負の影響を及ぼす。権力が垂直的になればなるほど、人民の権力者に対する憎悪は当然に高まる。ここに、暴動が生じる根拠を見出すことができる。

歴史的に見て、人民の暴動は偶然に、かつまた唯一感情的に引き起こされた事件では決してない。それはつねに、経済的、社会的、並びに政治的な客観的要因で裏付けられている。そしてそこには同じく、ヒューマニズムの欠如が至るところで見られる。我々が暴動に対し、見逃してならない点はこれらのことにこそある。暴動が継続する姿を軽視してはならないし、ましてや、それが国家権力によって制圧されることですべてが解決されたと思っては断じてならない。

(三) 階層対立の激化

燃料税引上げ反対から発生した黄色いベスト運動は、そもそも階層対立の問題を内に含むものであった[11]。燃料の消費に回す金額の所得に対する割合が、貧困者の場合ほどより高いからである。そこには、先に示したようにエンゲル係数がそのまま適用される。それゆえ富裕者は、燃料税引上げの影響をそれほど受けることなく炭酸ガス規制に賛同することができた。この動きはまさに、エリートによる上から目線の環境保護論を映し出していた。先に論じたように、黄色いベスト運動の参加者は、反エコロジストでは決してない。否、むしろその逆である。しかしかれらは、生活困窮の状況をさらに悪化してまで環境を保護する意味を問う。しかもエリート層は、マクロンと政府の執行部を含めて、かれらのそうした生活の姿を見ようともしない。ここにこそ、問題の本質が潜む。

さらに、ここで留意すべき点は、フランスで月末のやりくりが困難になる人々の数がかなりの規模で増えているという点である。こうした中で、貧困者層の中味も大きく変わりつつある。それは、極端に貧しい人々から、それほど貧しくはないが裕福では全くない人々までも含む。そして大事なことは、後者に属する人々が、かつてはフランス経済を支えてきた中流階級の人々であるという点であろう。かれらはまさに、『フランス周辺部』というタイトルの書物を著したC・ギリュイ（Guilluy）が正しく指摘したように、没落して消滅したのである。[12] このことは同時に、フランス国民の両極分解、すなわち裕福な階層（上層部）とそれほど裕福でない階層（下層部）との分裂が先鋭化したことを如実に示すものであった。

筆者はここで、そうした下層部の人々全体を「庶民階級（classes populaires）」と称しておきたい。この表現は、歴史的には社会的ヒエラルキーの底部に位置する全体のカテゴリーを指すものとして用いられてきた。[13] そして、この階級を代表する人々が言うまでもなく工場労働者であった。かれらは、より恵まれたグループのブルジョアジーや、かつての中流階級によって支配されてきた。ところが、フランスを含む先進諸国において、工場労働者の数は一九七〇年代から急速に減少する。それはまた、労働組合の後退と歩を一にした。

では、庶民階級のカテゴリーは、これでもって消えたかと言えば決してそうではない。それは姿を変えながら、より複層的な人々を含むものとして刷新された。しかもこの変容は、フランス社会の大きな転換という文脈の中で的確に捉えられねばならない。庶民階級を唯一、工場労働者の枠組で同一視することはもはやできない。その多様性を理解する必要がある。現代の貧困化が進む中で、社会の底辺に追いやられた人々の中に、工場労働者以外の様々な階層の人々が入り込んだ。中流階級の没落はこの点をよく物語っている。かれらは上層部と下層部に分裂し、後者の部類に入る人々が圧倒的に増えたからである。その中には、失業者をはじめとして、離婚した後に子供を育てるシングル・マザー、並びに低所得の年金生活者などが含まれる。そしてかれらこそが、まさしく黄色いベスト運動を強く支持したのである。なぜであろうか。

現代フランスの社会的病理は、階層対立の激化によって表されると言ってよい。それは、圧倒的に多い庶民階級としての民衆と、ほんのわずかなエリートとの対立となって現れる。そしてその起爆剤となったのが、中流階級の没落で生じた下層中流階級の発生であった。ルクセンブルグ大学社会学教授のL・ショーヴェル（Chauvel）が述べるように、かれらは、経済成長の輝きを信じたにも拘らず、それは過度の期待に終り、その結果深い失望と恨みの感情を生み出したのである。[14]マクロン政権下で経済の活性が失われることによって、その最大の犠牲者となったのは、そうした下層中流階級であった。かれらの生活の苦しみはますます増大したのである。このような文脈の中で、かれらのフラストレーションは高まった。しかもそれは、庶民の間で同時に起こった。このことが、集団的な社会的怒りとなって爆発したのである。暴動を伴う反乱が、そうしたフラストレーションの解消につながるのであれば、かれらがそれに加わろうとすることは当然の成行きではないか。

ところで、黄色いベスト運動に参加する庶民階級の人々は、たんに経済的な理由のみでフラストレーションを高めたのではない。同運動の参加者の間で、「私は自分の仕事を、尊厳をもって行いながら生きることを願う」という声がよく聞かれる。[15]この声は、かれらがいかに精神的に耐えられない状況に追い込まれているかを明白に示している。このように、下層の人々（工場労働者、従業員、職人、テクニシャン、小規模企業経営者など）は、社会から排除されていることに対する強い不満と、尊重されることの欲求を共通の思いとして抱きながら、それこそ社会的に連合したのである。

かれらは実際に、マクロン政権下の経済的かつ社会的な変化によってより脆弱になったことを強く感じている。問題は、そうした下層の人々が上層部に入り込めるのは、ほんのわずかな部分でしかないという点である。そこでは、社会的な流動性が極めて低い。黄色いベスト運動が、上層の人々に対して反逆する姿勢をはっきりと表したのは、このような社会の閉鎖性に根ざしていると言ってよい。

社会的流動性の低さという問題と共に、下層の人々の怒りを高めているもう一つの問題がある。それが移民問題である。庶民階級の人々は、外国人嫌いでは決してない。かれらは、人種差別主義者と同類にみなされることを否定する。事実、かれら自身が多くの場合そもそも移民であった。では、そうであるにも拘らず、どうしてかれらは新移民の受入れを拒むのか。例えばある工場労働者は、「我々は到着する人々に反対するのではない。……そうではなく、我々の問題がすでに我々に振りかかっているのである」と語る。[16] こうした中で、さらに新たな移民が入ってくればどうなるか。かれらの生活条件が一層悪化するのは目に見えている。

ここでぜひとも銘記すべき点は、そうした新移民の居住地区は、富裕者の住む地区では絶対にないという点である。かれらはすべて、下層の人々の居住地区に入り込む。ここに移民問題の核心がある。マクロンや政府が移民の受入れに賛成するのは、環境保護の場合と同じく、上層の人々の視点に立って発想した結果にすぎない。かれらは、下層の人々がなぜ移民受入れに反対するかを理解できない、というよりはそれをわかろうとしないのである。このようにして見れば、移民問題も環境問題と全く同じように、フランス国民の分断する姿をそのまま映し出していると言わねばならない。

こうした社会分裂の奥底には、庶民階級の不満と怒りに対する上流階級の無関心と無理解がある。ところがマクロン政権は、この状況の改善に努めるどころか、逆にむしろその悪化に拍車をかけてしまった。黄色いベスト運動が次第に過激になったのもそのためであった。フランス社会は今や、確実に二分されてしまったのである。[17] この分裂を引き起こしている要因は何か。マクロン政権がそれをきちんと把握しない限り、フランスは今日の社会危機から脱け出ることはできない。その意味で、エリートの支配する社会の欠陥を摘出することは、現代フランスの社会分裂と不平等をよく理解させるに違いない。[18] 下層の民衆は、そうしたシステムの従属者であるがゆえに、それに対する反逆者となる。そこで上層のエリートは、かれらの反抗する理由がわからないのである。

二．フランス地域の分裂

（一）大都市周辺部の問題

黄色いベスト運動の勃発は他方で、フランスにおける様々な地域格差の問題を浮彫りにさせた。同運動の参加者の居住する地域が抱える生活条件の問題が、鮮明に表に現れたのである。それはまず、フランスの大都市を代表するパリの周辺部（イル・ド・フランス）を対象とした。実際に、黄色いベスト運動を呼びかけた人々の大部分は、イル・ド・フランスの出身者であった。[19] 同地区は、パリに直結している。したがってそこは、パリの影響を直接受けながら都会化した地域を指す。本来であれば、そうした地域の住民に大きな不満はないはずである。ところがかれらは、反政府運動を引き起こした。どうしてであろうか。

大都市は確かに、富を集中させる特権を握っている。しかし、その恩恵を授かるのはごく一部の人（富裕層）に限られている。人々の大半は、その富の分配を十分に受けることがない。大都市はこうして、貧困層を固定させる場と化してしまう。富裕層と貧困層の間の社会分裂は、空間的（地域的）な分裂となって現れる。パリの中心部と周辺部の関係は、この点を如実に物語っている。実際に、フランスの貧困線以下で生活する人々の多くは、大都市の周辺で暮しているのである。それはまた、「周辺部都会化（périurbanisation）」の進展の結果でもあった。この都会化は、フランスで一九八〇〜一九九〇年代に強く促進された。これにより都会は分散した。しかも、こうした傾向は国家主導の下で進められた。国家は、都市開発によって人々の生活条件の改善を図った。ところが、事態はその逆に動く。そうした周辺部の都会化で、そこに移住した人々は車の長距離運転を余儀なくされた。かれらがなぜ燃料税引上げに猛反対したかは、これでよくわかる。それによって、かれらの生活条件が大きく悪化するのは明らかであったからである。

さらに留意すべき点は、そうした地域に住む人々の大半が、いわゆる中間的職業に属している点であろう[20]。かれらは看護師、教員、地方自治体の公務員、テクニシャン、職人、並びに小規模の商人などを含んでいる。この人々はまさに、広い意味での庶民であり、それほど裕福ではない。したがってかれらこそが、租税と景気の変化に非常に敏感になる。黄色いベスト運動を通して、政府に強く反抗する姿勢をかれらが表したのはそのためである。

ところで、黄色いベスト運動を呼びかけたのがパリ周辺部としてのイル・ド・フランスの人々であったという観点からすれば、同運動を単純に田舎の恵まれない人々によって引き起こされた、かつての「ジャックリー（jacquerie）の乱」のような反乱として捉えてはならない。こうした見解がある[21]。しかし、これは誤りである。確かに運動の呼びかけは大都市周辺部で始まったものの、それに即応しながら同運動はまたたく間にフランス全土に広がった。この運動は、パリ以外の大都市の周辺部、さらには発展から取り残された地域としての周辺部全体に及んだ。黄色いベスト運動はまさしく、フランス全体における地域分裂そのものを反映するものとして展開されたと言ってよい。

(二) フランス周辺部の問題

先に見たように、周辺部の都市化は国家のプロジェクトであった。それは、裕福でない人々(庶民階級)に対し、かれらは中心部では住宅が高すぎて到底住めないので、周辺部に住居を構えることを促した。ところが、このプロジェクトには大きな問題があった。それは、公共輸送手段の欠如である。[22] それゆえ、かれらが都市中心部で働くためには車がどうしても必要であった。そうだとすれば、この住宅政策で表されたフランスの社会モデルそのものに欠陥があったと言わねばならない。

今回の黄色いベスト運動は、二〇一三年にブルターニュ地方で起こった赤い帽子運動とは決定的に異なる。後者は、商業用輸送車に対する燃料税に反対するものであり、それはブルターニュに限定された。しかし黄色いベスト運動は、一般市民が仕事で運転する乗用車にも課せられる税金に反対するものであり、それは局地的なものでは全くない。都市周辺部に住む人々は、かれらの生活上の苦しみ、社会からの脱落感、並びに無力感を表明するために同運動に参加した。かれらはまさに、「共同参加する集団」と化したのである。

フランスの市長連合が指摘するように、フランスの都市周辺部は社会のすき間を表している。ところが、フランス人の二人に一人は人口一万人以下の地区で暮らしている。この点を絶対に忘れるべきでない。そうした地区に住みながら黄色いベスト運動に参加する人々は次のように叫んだ。「自分達は目に見えない人々であり、自分達の声が届かない人々である。しかし自分達は存在しているのである」。このような庶民の心の叫びを、政府与党あるいは野党の政治家は真に理解しているか、否、理解するつもりがあるか。この点こそが問われねばならない。

例えば、二〇一八年一一月一七日の黄色いベスト運動アクトIで、参加者が道路を封鎖したある地区では、四〇％の人が貧困線以下で暮している。[23] しかもそこでは、車が主たる輸送手段となっている。そうだとすれば、道路の封鎖は車を必要とする人にとっては大きな痛手となるに違いない。それにも拘らず、そうした地区の人々は生活コストの上昇を阻むために、同運動を支持したのである。

このようにして見ると、黄色いベスト運動による道路の封鎖は、フランスの地域分裂を象徴的に物語っている。[24] 一方で、周辺部としての田舎がある。そこでは、貧困化する中流階級が居住する。他方で、中心部としての大都市がある。そこでの裕福な人々は車に頼る必要がない。このような地域の両極分解が、黄色いベスト運動の支持の地域差にはっきりと反映されているのである。

同運動の支持者は、月末のやりくりが困難な人々であり、かれらの大半は周辺部に住んでいる。これに対して富裕者は同運動に無関心か、あるいはその存在さえ知らない。こうしたフランスの社会的かつ地域的な分裂は、すでに二〇〇五年の欧州憲法条約をめぐる国民投票の際に現れていた。それから今日まで、そうした分裂の構図が変わることはない。それどころか、分裂はむしろ深まっている。マクロン大統領は、このことを表す象徴のような人物として、人々とりわけ庶民の眼に映った。彼は金持ちの大統領であると同時に、中心部としての大都市の大統領として位置付けられるのである。

フランスの世論調査機関（Ｉｆｏｐ）の二〇一八年一一月一七日直前に行われた調査によれば、労働者の六二％、従業員の五六％、そして自営業者の五四％が黄色いベスト運動を支持する。これに対し、上流階級のエリート層から成るカードルの中で同運動を支持するのはたった二九％にすぎない。一一月六日の調査から、同カードルの支持は一八ポイントも下落した。一方、労働者の支持は全く減っていない。上流の人々が、月末のやりくりが難しい人々を理解することはない。かれらにとって、そうした生活困難な人々は、社会から脱落した人々を意味する以外にない。こうして黄色いベスト運動に対する支持は当然、政治的に非常に分極化する。例えば、ルペンに投票する人の六八％は同運動を擁護する。またメランションに投票する人の四五％も同運動の支持を表明する。

そこで銘記すべき点は、黄色いベスト運動に対するこのような人々の階層による支持の相違が、地域による支持の相違にそのまま反映されているという点である。実際に、同運動が支配的な七〇〇の市町村の中で、その八〇％弱は二万人以下の住民の地域である一方、五万人以上の住民の地域が占める割合はたった八％にすぎない。ここで前者の地域に住む人々は、社会から見捨てられた思いを強く抱いている。怒りの起点はここにこそある。例えば、全体としても貧しい地域として有名なパ・ド・カレ（Pas-de-Calais）で、そうした二つのタイプの生活状況がよく現れている。そこでの周辺部コミューンの生活様式は、まさに「振り子」の姿を表している。そこの住民にとって、車は必要不可欠な移動手段である。かれらは、自宅と仕事場の間を振り子のように車で移動する。そして忘れてならないことは、そのように人々の見捨てられた感情で示された地域に、ルペンの率いる国民連合がしっかりと根をおろしているという点であろう。これと正反対にマクロンは、そうした地域の人々によって反逆されているのである。

このように、黄色いベスト運動の支持がフランスの地域によって大きく異なるという現象は、実はイギリスのＥＵ離脱（Ｂｒｅｘｉｔ）をめぐる国民投票（二〇一六年）においても、離脱の支持をめぐって鮮明に表されていた*。すなわち、社会から脱落し見捨てられた地域の住民は、ＥＵが自分達のものではないと判断して離脱を支持したのである。こうして見ると、現代の最も進んだ民主主義社会であるはずの欧州諸国の政府は現在、庶民階級としての民衆からこぞって反抗されていると言っても過言ではない。

フランスの社会地理学者で大センセーションを呼んだ『フランス周辺部』の著者、ギリュイ**は、レ・クスプレス誌とのインタビューで黄色いベスト運動を、彼の周辺部論に基づきながら次のように説く[25]。

黄色いベスト運動は、この三〇年間の経済再編の歪みを示している。この再編は、大きな社会的脆弱性と新たな地理的分裂を招いた。確かに、我々の経済は富を生み出し続けている。しかしそれは、雇用をつくり出す地域すなわち大都市に集中している。グローバル化の下で衰退した先進工業諸国の工業地帯で、雇用はもはや生み出されていない。このような不平等な社会組織の中で、中流階級としての庶民階級の大半は、フランス周辺部に見出せる。この周辺部は、経済発展の低さと雇用の過疎化で特徴づけられる。それはとくに、工業地域で著しい。要するに庶民階級の多くは、歴史的に初めて雇用を生み出さない地域に居住している。グローバル・モデルは富をつくり出す一方、社会をつくり出すことはない。こうして、先進国の弱い中流階級としての庶民階級は社会的に排除され、誰からも尊重されない存在と化す。かれらの尊厳は完全に消え去ってしまったのである。同時に、そうした人々は経済的にも社会的にも、そして文化的にも統合される機会を失った。しかも、かれらの層は広がりを示している。フランス周辺部は拡大した。黄色いベスト運動はまさしく、このような枠組に組み込まれる。

以上がギリュイの議論の骨子である。今や、ギリュイのテーゼすなわち、貧窮した中流階級で構成される周辺部とグローバル化の恩恵を受ける富裕な上流階級から成る中心部とが、鋭く対立した構造をつくり出すという考えは、一つのイデオロギーにさえ転化されたと言っても過言ではない[26]。実際に「フランス周辺部」という用語は、メディアや研究書の中で分析概念として扱われている。フランスにおける中心部と周辺部の間の地域格差は、それほどにはっきりと現れているのである。この二つのフランスこそが、黄色いベスト運動の姿に映し出されていた。こう言ってよいであろう。さらに、そうした地域分裂の問題は結局、社会分裂の問題に帰することになる。周辺部と中流階級の没落はまさに、社会保護としてのモデルそのものの崩壊を意味しているのである。

このように、ギリュイの提起した分析概念としてのフランス周辺部という考えは、現代のフランスかつまた世界の社会を理解する上で極めて有効であると言わねばならない。事実、この考えは他の国の論者によっても強く支持されている。例えば、イギリスの著名なジャーナリストであるD・グッドハート（Goodhart）もその一人である[27]。彼はル・モンド紙とのインタビューで、フランス周辺部の概

＊ この点については、拙著『ＢＲＥＸＩＴ 「民衆の反逆」から見る英国のＥＵ離脱』明石書店、二〇一八年、一六〇～一六一ページを参照されたい。

＊＊ ギリュイの周辺部論については、前掲拙著『社会分裂に向かうフランス』三三一ページを参照されたい。

念が彼自身の唱える「マイナーな部分」「どうでもよい部分」という概念に相つうじると答える。そうした部分の人々は、村に住んでいて大都市から遠く離れている。それゆえかれらは、車に依存せざるをえない。しかしかれらは、エコロジーに反対なのでは全くない。彼はイギリスを例としながらこのように語る。そこで彼は、フランスについて言えば、パリに住むブルジョワジーのために、フランス周辺部の人々がどうして税金を支払わねばならないかを問題にするのである。

実際に、どこでも住むことができる人々は限られている。かれらは、ある居住地区に縛られることはない。しかし、人口の大半はどこかに住む必要のある人々である。かれらの居住は地域に縛られ、そこから脱け出すことは中々できない。こうしてかれらは、敗北感に包み込まれてしまう。こうしたグッドハートの議論は、現代の先進諸国における地域的流動性の不足を如実に示している。それは同時に、社会的流動性の欠如そのものも表す。そこで、この二つの流動性不足の問題が、黄色いベスト運動の形となって噴出した。このように見ることができるのではないか。では、このようなフランスの地域分裂に対し、マクロン政権はどのように応じたか。最後にこの点を検討することにしよう。

まず、周辺部の人々の輸送状況を改善することが試みられた[28]。運輸相のE・ボルヌ（Borne）は二〇一八年一一月二六日に、「移動のオリエンテーション（l'orientaion des mobilité：LOM）」という案を発令する。これは、フランス周辺部の開発を意味する。そこは田舎、都市郊外、並びに小さな村などから成り、まさしく黄色いベスト運動の拠点である。ボルヌは、「それらの地域の住民は、見捨てられていると感じる」人々であることを認める。同案はそこから脱け出るロジックを提供する。すなわちそれは、フランス全土にわたる車の利用からの脱却を目的とする。彼はこのように唱えた。

しかし、ここで大きな問題がある。それは地方財政の問題である。「移動のオリエンテーション」案に必要なインフラ整備の費用は極めて大きい。ほとんどの小さな村や町は、それを果たせる財政能力に欠けている。そこで国家支援がなければ、同案は新たな混乱と反発を引き起こすに違いない。それは結局、周辺部問題を悪化させるだけではないか。十分な資金計画のないプロジェクトは、いかなるものであっても絵に画いた餅にすぎない。

一方、フランス周辺部の市長はマクロン政権に対して、生活状況を改善する必要を強く訴えた[29]。ある市長は、田舎の真ん中で生活することがほんとうに困難になっていると語る。そこでは年金生活者や労働者でさえ、暖房することもままならない。マクロンとその政府は、こうした周辺部の生活状態をどれほど理解しているであろうか。市長らは、マクロン政権が地方自治と断絶しているとしてかれらを批判したのである。

こうした中で、マクロン自身はついに重い腰を上げた。それは、「フランスの市長連合」と称するメッセージに応じるものであった[30]。「フランス共和国は、我々の各々の市や町にある。我々は、それら全体を生かさねばならない」。市長らはこう訴えた。これに対してマクロン自身も、大きな危機的状況のときに、地域分裂の加速という挑戦に対して共通の責任を持つと答えた。問題は、その実現可能性であろう。彼は、地方自治体の財政的自立に対し、真に譲歩するつもりがあるか。この点が問われるに違いない。

長い間フランスでは、周辺部は「フランスの外れにある部分」とか「フランスの見えざる部分」とか呼ばれてきた[31]。二〇〇〇年代初めから社会学者、政治学者、並びに地理学者らはこぞって、そこでの病理を描いてきた。周辺部の人々は、ハンディキャップを積み重ねると共に、民主主義からも見捨てられてきたからである。実際にそうした地域で、働き口としての工場が閉鎖されてきた。また学校、病院、さらには鉄道までもが人々の住居地から遠い所にある。グローバル化の盾の下で、容赦のない合理化が進められることにより、周辺部は見捨てられてしまった。こうしてフランスの地域は、中心部と周辺部の両極に分解されたのである。

地方選出の議員はこの状況に対して、中央政府によく抗議を行ってきた。しかし、かれらの声は届かなかった。今回の黄色いベスト運動は、このフランスの見えざる部分を初めて「見える部分」に転換したのである。これはまた、国家に対して深刻な予告を意味した。かれらは、ルペンに投票するか棄権するかを選択しかねないからである。もしも政府が、かれらの声に耳を傾けなければどうなるか。有権者全体の四〇％にも上ると言われる生活困難者がかれらの怒りを集結すれば、政府は転覆する可能性さえある。フランス社会の裂け目が表に現れてきたことが、マクロン政権に大きな脅威を与えることは疑いない。だからこそマクロンは、社会の修復を図ろうとした。それは、同胞に対する尊重と配慮という発言に表された。しかし、ここでもやはり、その実現が問われよう。なぜなら、マクロンとその一派はこれまで、グローバル化を前提として行政の管理を遂行してきたからである。少なくともマクロンが、この基本方針を見直さない限りは、フランスの地域分裂に基づく社会分裂の問題が解消されることはない。こう言ってよいであろう。

注

1 Malingre, V., & Pietralunga, C., “Macron veut répondre à la colère par le《dialogue》et le《terrain》”, *Le Monde*, 22, novembre, 2018.

2 Leclerc, A., “Les《gilets jaunes》entre peur et espoires”, *Le Monde*, décembre, 2018.

3 Bissuel, B., “Les préfets sonnent l’alerte politique”, *Le Monde*, 4, décembre, 2018.

4 Laurent, S., “Pacte migratoire de l’ONU : itinéraire d’une intox”, *Le Monde*, 7, décembre, 2018.

5 Zappi, S., “A Charleville-Mézières, la camaraderie de《ceux d’en bas》”, *Le Monde*, 6, décembre, 2018.

6 Tonnelier, A., “Le retour de l’impôt sur la fortune écarté”, *Le Monde*, 15, janvier, 2019.

7 Tonnelier, A., “L’ISF continue de diviser au sein de l’exécutif et de la majorité”, *Le Monde*, 17, janvier, 2019.

8 Chocron, V., “Les banques prises pour cible”, *Le Monde*, 4, décembre,2018.

9 Leclerc, A., “Pour les《gilets jaunes》, le casse-tête de l’après”, *Le Monde*, 18, février, 2018.

10 Clarmi, J., “Il est impératif de combattre ce qui nous déshumanise”, *Le Monde*, 12, janvier, 2019.

11 Flipo, F., “La victoire des《gilets jaunes》”, *Le Monde*, 24, novembre, 2018.

12 Guilluy, C., *La France périphérique*, Flammarion, 2014, p.17.

13 Duvoux, N., Lomba, C., *Où va la France populaire?*, Presses universitaires de France, 2019, pp.5-7.

14 Chauvel, L., “Les espoires envolés des classes moyennes”, *Le Monde*, 9/10, décembre, 2018.

15 Coutant, I., “L’union de la France des《petits-moyens》”, *Le Monde*, 9/10, décembre, 2018.

16 Coutant, I., *op.cit*.

17 Gurry, B., “《Gilets jaunes》: la grande dispute nationale”, *Le Monde*, 12, janvier, 2019.

18 Stenger, S., “Aux deux bouts de la cordée”, *Le Monde*, 14, janvier, 2019.

19 Delpirou, A., “La teinte des gilets”, in Confavreux, J., prés., *Le fond de l’air est jaune,* Seuil, 2019.

20 *ibid*., pp.130-131.

21 *ibid*.

22 Roger, P., “On sent aujourd’hui sourdre un ras-le-bol général”, *Le Monde*, 22, novembre, 2018.

23 Grondin, A., “A La Réunion, les《Gilets jaunes》débordés par des《cagoules noires》”, Le Monde, 23, novembre, 2018.

24 Goar, M., “Les《gilets jaunes》, symptôme du déclassement”, Le Monde, 29, novembre, 2018.

25 Andrien, A., & Rosencher, A., “La finance populaire impose son diagnostic”—entretien avec C.Guilluy—“, *L’Express*, 28, novembre, 2018

26 Truong, N., “Une révolte qui derive les intellectuels”, *Le Monde*, 9-10, décembre, 2018.

27 Zappi, S., “《La France périphérique》demande à être respectée”, *Le Monde*, 29, nvembre, 2018.

28 Béziat, É., “Le LOM vise à désenclaver la《France périphérique》”, *Le Monde*, 27, novembre, 2018.

29 Roger, P., “Les maires en première ligne de la colère sociale”, *Le Monde*, 8, décembre, 2018, do., “Avec des élus, un échange《vraiment cash》mais《républicain》”, *Le Monde*, 11, décembre, 2018.

30 Roger, P., “L’opération de charme du chef de l’Etat face aux maires”, *Le Monde*, 23, novembre, 2018.

31 Fressoz, F., “Pour Macron, le changement c’est maintenant ?”, *Le Monde*, 29, novembre, 2018.

第六章　社会不安の拡大

一．社会保障不安

前章で見たように、フランスの社会分裂によって底辺に追いやられた下層の庶民階級の人々にとって、自分達が社会によっていかに保護されるかという社会保障の問題は喫緊の、かつまた非常に深刻な問題であった。かれらの生活の困窮は、それほど差し迫っていたのである。そこでまず、人々の社会保障に対する不安の問題を、失業と年金の二つの側面から論じることにしたい。

（一）失業不安

フランスでは近年、短期労働契約の件数が急増している。パリ・シアンス・ポリティーク景気循環研究所は、次のような調査報告を表している。[1] 第一に、短期労働契約の中でも、一ヵ月未満の超短期「期限付き雇用契約（contrat à durée déterminée：CDD）」が著しく増えている。現在、この契約で雇われる人の数は一七六万人を数える。この数は二〇〇〇年のときの三倍に上る。雇用者はここにきて、極端に短期で働く人のリクルートをますます強めた。しかも留意すべき点は、こうした傾向が民間においてのみ現れているのではないという点である。フランスの雇用形態は確実に、民間機関と公共機関の双方で超短期の性格を一層明白に示し始めた。こう言ってよい。

このような短期雇用契約の増大が、賃金労働者に対して雇用の不確実性を著しく高めたことは間違いない。これはまさに、R・カステル（Castel）が唱えた、賃労働社会から不安定社会への移行を如実に物語る。[*] なぜこうした状況が生まれてしまったのか。もちろん、そこには様々な要因が入り込んでいる。確かに雇用を求める側の要因もある。かれらの雇用に対する要求は一層浮動的なものになった。それゆえ期限付雇用契約の運用が、この要求によく適合すると考えられた。

しかし、そればかりでは決してない。同景気循環研究所は、もう一つの決定的な要因を明らかにする。それはむしろ、雇用者側の姿勢の変化に求められる。低賃金の短期雇用契約の場合に、雇用者が負担する失業保険料は当然少なくて済む。それでなくても、フランス政府はこれまで、低賃金労働者に対する雇用者の社会保険料を軽減する政策を施してきた。この点を踏まえれば、雇用者は短期雇用契約によって二重の恩恵を受けることができる。一つは低賃金によるコスト削減であり、もう一つは失業保険料の低下である。

このように、雇用者の利益を最優先する形で雇用システムを変更することは、フランス社会に好ましい結果を生むであろうか。一ヵ月未満の期限付雇用契約の倍増は、必ずやマイナスの効果を生むに違いない。賃金労働者はまさに「不確実性」の世界に入り込んでしまい、そこから脱け出せなくなるからである。しかも我々は、マクロン政権の行った労働法の改正によって、解雇が容易に行われるようになった点を留意しなければならない。** 賃金労働者がこれにより、社会不安をますます高めたことは疑いない。黄色いベスト運動に参加した人々の中に、そうした労働者が数多く含まれていた。そうだとすれば、マクロンの改革した雇用システムは大きな社会的コストを負う羽目に陥ったと言わねばならない。

このような事態に際し、政府は二〇一八年一二月一九日に、短期労働契約の「経済的調整（レギュラシオン）」を公表した。それは実は、マクロンの大統領選キャンペーンの中核に組み入れられたものである。その目的は、不安な雇用形態に依存するのを阻止することにある。そうした調整が発表されたことで、労働組合と雇用者は二〇一九年一月から交渉することが決められた。問題は、その実現と効果であろう。もしもマクロン政権が、短期契約を結んだ労働者の失業に対する不安を真に解消するのであれば、かれらは、このような契約に対して税金を課すなどの具体的な制裁をどうしても必要とする。マクロン政権にその用意があるか。この点が問われるに違いない。

---

* カステルの考えについては、ロベール・カステル『社会喪失の時代』北垣徹訳、明石書店、二〇一五年、一五四〜一五九ページを参照されたい。

** この点について詳しくは、前掲拙著『社会分裂に向かうフランス』二八八ページを参照されたい。

写真 6-1　男女の高齢者が数多く運動に参加している様子を写したもの。　筆者撮影（パリ、シャンゼリゼ通り、2019 年 2 月）

（二）年金不安

黄色いベスト運動の参加者は、賃金労働者に限られない。すでに見たように、それには数多くの年金生活者が含まれていた。かれらの中に、一般社会保障負担税の引上げによって生活困難に陥る人々が多く現れたからである。同運動による圧力は、マクロン政権に対して同税の引上げを部分的なものとすることを認めさせた。[2]これにより、年金生活者の約半分に関して同税の比率は、二〇一九年一月より八・三％から六・六％に引き下げられた。この引下げによる年金生活者の利益は、年にネットで四四八ユーロに上ると言われる。一方、高齢者に対する連帯手当ても、例外的に三五ユーロ引き上げられた。

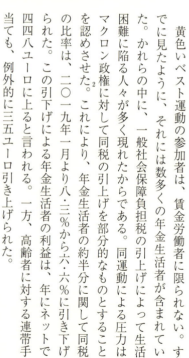

このように年金生活者は、黄色いベスト運動のおかげでひとまず安心感を覚えた。しかし、かれらが真に不安を払拭できるかは全く定かでない。改革するために選ばれたことを自認するマクロンは、年金制度の改革を当初より強く謳っていたからである。したがって、この内容次第で年金生活者の状態が大きく変わることは疑いない。

マクロンの年金システム改革において中心となる目標は、現行システムをより公正なものとすることにある。この点はとくに、年金受給開始年齢と関係する。従来フランスではすべての年金受給者に対し、年金受給は六二歳から開始されることが定められている。ただし、それには例外がある。リスクに晒される仕事に従事してきた公務員は、五七歳で仕事を終えて年金を受け取ることができる。問題となるのは、そうした公務員の例外をいかなる基準で正当化できるかという点である。

この点に関して、社会的パートナーである労働組合の間で意見は分かれる。[3]左派系の労働総同盟と労働者の力は、公務員のそうした例外の排除に対して懐疑的な見方をとる。これに対して中道左派のフランス民主主義労働同盟は、公務員に対しても、民間のセクターで用いられている苦渋の基準を導入することに賛同の意を表す。

こうした中でマクロン政権は、この問題で社会的パートナーと協議することを決める。かれらは果たして、どちらの側に立つのか。これによって、当該公務員の不安の大きさが左右されるのは言うまでもない。それでなくてもマクロンは、大統領選キャンペーンから公務員の削減プロジェクトを打ち出してきた。この点を踏まえれば、公務員の抱える不安が一層高まることが予想される。とくに下級公務員の間で、そうした気持がはっきりと示されるに違いない。

他方で、年金年活者全体に関する不安もある。それは、長年にわたる課題であった年金受給開始年齢の引上げである。同年齢が現行の六二歳から引き上げられた場合に、年金の空白期間はどのように保障されるか。その間の雇用の可能性はあるか。これらの問題は当然に、年金生活者にとって深刻なものとなる。これによる不安の度合が、低額年金の受給者ほど高まることも疑いない。マクロン政権は、これらの点を考慮した上で年金問題に対処する必要がある。そこで真っ先に問われるのは財源の問題であろう。これは結局、租税システムの問題に還元されると言わねばならない。

他方で、今日のフランス人が抱いている社会不安は、雇用や年金に関するものばかりでない。かれらは、教育と文化の面でも不安感を高めている。そこでまず、教育の面を見てみよう。

二．教育・文化不安

（一）教育不安

実は、黄色いベスト運動と平行して、もう一つの大きな運動がフランス全土で引き起こされた。それは高校生の反乱であった。この反乱は、政府の教育改革に対する抗議となって現れた。その改革は、大学入学資格としてのバカロレア（Baccalauréat）の見直しを迫るものである。これにより、これまでの資格が持つ価値が失われる可能性が生じる。不利な条件の下で暮らさざるをえない社会の真只中にある高校の学生にとって、将来の職探しで有利に働くような資格をえる選択はない。かれらは、そうした改革で自分達が見捨てられると感じるのは当然であった[4]。そして留意すべき点は、そのような高校の存在する地域はやはり、周辺部に集中している点である。租税システムの不公正感が黄色いベスト運動を引き起こしたのと同じように、今度は教育システムの不公正感が高校生の一大反乱を呼んだのである。

このような高校生の反乱は、二〇一八年一二月より高校を封鎖させる結果となった[5]。そうした運動の規模は、日に日に大きくなって政府に対する圧力を高めた。高校生は一二月八日に、全フランスの高校にデモを呼びかけて高校の封鎖を訴えた。これは、J－M・ブランケ（Blanquer）教育相が述べたように、前代未聞の暴動と化した。とくにマルセイユやトゥールーズで激しい運動が展開された。この運動は、まさに黄色いベスト運動の場合と同じく怒りの運動を意味した。さらに、これらの二つの運動は根本的に相つうじていた。なぜなら、高校の反乱を引き起こした高校生の中心となったのは、月末に生活が困難となる家庭の子供達、すなわち黄色いベスト運動参加者の子供達であったからである。

高校生の反乱による学校封鎖は、全体の半分の高校生によって支持された。それは、すべてのカテゴリーに入る高校生の間で見られた。かれらは、バカロレアや外国人学生の権利などをめぐる改革案に明確な反対の意思を表明した。高校生は庶民と同じく、うんざり感の気持を怒りとして示した。こうして大部分の若者は、社会的抗議運動に参加し、政府の改革後退に期待したのである。

この事態に対して教育省は、この学校教育改革が黄色いベスト運動とは一切関係しないことを主張した。しかし、これは全くの事実誤認である。かれらは、事態の真相と深刻さを全然理解できないのである。一方、労働組合の多くは高校生の運動を支持し、両者の関係を訴えた。また高校教員も、高校生の反乱が黄色いベスト運動に近いことを語る。高校封鎖は、かれらのアイデンティティの表現でもあった。両運動は、その自発性、決定力、運動の規模、並びに要求の面で驚くほどに類似している。要するに、両運動の根底には、同じ苦しみが横たわる。それはまた、マクロン政権の改革が経済の論理のみで遂行されることに対する強烈な拒否を示すものであった。

こうした中で高校の教員らは、高校生の運動志願を容認する。[6] これにより、フランスの四〇〇〇校のうち、一割強の高校が大混乱に陥った。しかもここで注視すべき大事な点は、高校封鎖が長引いただけでなく、そこには地理的な問題も潜んでいるという点である。先に見たように、運動する高校生の多くは、黄色いベスト運動の参加者を両親とする。ここに世代間の連合が見られる。これは、社会運動史の中でも稀なことであった。さらに、そうした連合が成立している地域が、周辺部の小さな町である。例えば、フランス南部のモンペリエは、運動が最初に勃発した所の一つである。そこには、非常に貧しく、また社会的に排除された地域が含まれており、そうした地域で運動が引き起こされた。これに対して、モンペリエの中でも中心部に位置する大きな高校では運動は起こらなかった。このように、フランス周辺部での高校が、運動の動力となった。その運動の源は、専門職を身につける高校であり、そこでの学生は決して破壊を専門とするような人物ではない。

このフランス全土に及んだ高校の反乱と封鎖は、まさしく例のない激しい反改革運動として結実した。高校生は真に、政府の教育改革に不安を覚えたのである。かれらの眼に、そうした改革が若者の間の不平等を拡大し、自分達を真っ先に犠牲にするものと映ったに違いない。大学入学制度に選別制を導入することは、かれらを絶望に追い込んでしまう。周辺部の貧しい地域の高校生は、教育のハンディキャップを生まれたときから持っている。かれらがこう判断しても何ら不思議ではない。

(二) 文化不安

フランスの人々、とりわけ周辺部の人々は、生活していく上の不安感をたんに経済面でのみ募らせているのではない。それは、かれらの精神面でもはっきりと現れている。この点はまた、グローバル化の下で促進された。そうした人々は、グローバル化による多文化主義が蔓る中で、精神的かつ文化的な不安を否が応でも高めたのである。こうした中で、ギリュイが正しく指摘するように、政治家は右派であれ左派であれ、そのような多文化主義を賞賛してきた。[7] かれらは明らかに、それを過大評価した。周辺部のとりわけ脆弱な白人は、その最大の犠牲者であった。

このような事態を象徴的に物語るのが、大量の移民の出現である。かれらの居住する地区は、富裕者の住む中心部では決してない。かれらは、周辺部に居住することを強いられる。それゆえ富裕者にして見れば、移民は遠い存在にすぎない。それだから、人道主義の観点から移民排斥を非難する人々が、知識人も含めて数多く現れる。かれらが、文化面や精神面で移民を脅威に感じるはずはない。かれらは、社会分裂が他方で文化分裂をも意味することに全然気づかない。これは、燃料税をめぐる環境保護論と同じく、上から目線の移民保護論を意味することに他ならない。

グッドハートがル・モンド紙とのインタビューで指摘したように、移民は確かに、どこでも住める人々ではない。[8] したがってかれらは、どこか特定の場所に住む必要があり、その結果かれらは、既存の居住者に脅威を与えてしまう。そうした居住者の大半は、外国人嫌いでは全くない。それどころか逆にかれらは、大量の移民の生活様式に対する尊重が欠けているとさえ認識する。ところが現実には、移民はどこかに住む所である周辺部の人々の労働条件を奪ってしまう。しかもかれらは、そこでの先住者に対する社会的支援を低めてしまう。そうだとすれば、移民がかれらの眼に、危機をもたらす存在として映るのは至極当然ではないか。

周辺部において、確実に移民危機が現れている。しかも皮肉なことに、そうした危機を真に感じる先住民の多くは、かつて移民であった。このような状況の下に、かれらは新たに到着する移民の受入れを拒絶したのである。[9]これは、イデオロギーによる拒絶では決してない。それは、かれらの固有の社会的状況を色濃く反映するものであった。くり返しになるが、先住民の眼に新移民が、生活権を侵害するものと映ったことは疑いない。この少し前に、イギリスでEU離脱を引き起こす要因として現れた置換労働者の問題すなわち、現地の労働者が移民労働者に置き換えられるという問題が、今度はフランスで同じように生じた。[*]移民と居住を共にする周辺部のフランスの人々は生活の面でも、また文化の面でも不安感を高めているに違いない。

他方で、もう一つの厄介な問題がある。それはユダヤ人問題である。確かに、黄色いベスト運動の参加者の中で、極右派の一部が、露骨に反ユダヤ主義を唱えている。これは明らかに、同運動に対してマイナスのイメージを与えた。しかし、ここで注意すべき点は二つある。一つは、黄色いベスト運動の本流が反ユダヤ主義を呼びかけていることは絶対にないという点である。かれらは第一に無宗教であり、もちろん極右派を育むようなファシズムに立っているのではない。したがって、政府や一部のメディアが、同運動を反ユダヤ主義として非難するのは、同運動を冒瀆する以外の何物でもないし、全くの的はずれである。政府のそうした非難の第一のねらいは言うまでもなく、黄色いベスト運動に対する人々の批判が強まることで、同運動を鎮静化することにある。この点でマクロン派も、ルペン派と同じく単純なポピュリストであると言っても過言ではない。

ただし、そうとは言え、ここで反ユダヤ主義が再び頭をもち上げたことの意味は真剣に考えねばならない。欧州の歴史を振り返るとわかるように、反ユダヤ主義の出現は、社会の不安定そのものを如実に物語っていたからである。[10]その点で、反ユダヤ主義が今日、黄色いベスト運動との絡みで登場したことは驚くべきことではない。社会危機と反ユダヤ主義の高まりは、まさしく交錯している。なぜなら、エリート群（金融家や富裕者）は多くの場合、真実はどうであれユダヤ人に属するとみなされてきたからである。それゆえ欧州の社会運動はこれまで、しばしばエリートと同時にユダヤ人を非難の的とした。黄色いベスト運動の極右過激派が、反エリート・反システムと反ユダヤを重ねながら運動を展開したのはそのためである。

しかし、ここで銘記すべき点は、黄色いベスト運動の主流派のみならず一般の人々でさえ、どのような状況であっても反ユダヤ主義の発展を支持するはずはないという点であろう。人種差別運動がもしも堂々とまかり通るならば、その姿にかれらは、それこそ社会的かつ文化的な不安と危機感を強く抱くのは間違いない。

三　マクロン政権の社会プロジェクト

フランスの人々が以上のような社会不安を抱く中で、マクロン政権はかれらの不安の解消にいかに取り組むか。最後にこの点を見ておくことにしたい。

＊イギリスの置換労働者の問題については、前掲拙著『ＢＲＥＸＩＴ「民衆の反逆」から見る英国のＥＵ離脱』三六一ページを参照されたい。

共和国前進の副総裁、H・パンソン（Penson）はル・モンド紙とのインタビューで、かれらの社会プロジェクトについて次のように答える。[11] 社会問題は、今日のフランスで絶対的に中心となる問題である。人々の間で、不平等や不公正の感情が深まっている。共和国前進はそこで、大社会プロジェクトを考える。それは、労働組合、地方議員、並びにメディアなどの中間的組織と連合することによって果たされる。このプロジェクトの遂行によって、黄色いベスト運動で引き起こされた社会危機を終らせることができる。彼はこのように謳った。ほんとうにそうであろうか。

実は、ここに一つの大きな問題が潜んでいると言わねばならない。それは、社会保障の民営化という問題である。この民営化は、かつてイギリスの元首相M・サッチャー（Thatcher）が推進したものであった。マクロン政権は、それに追随する動きをはっきりと示したのである。それは具体的に、「社会的インパクト債（bons à impact social）」となって現れた。[12] これはそもそも、イギリスで新自由主義的対策として設けられたものである。その目的は、公的医療に対する民間金融を進展させると共に、社会的活動に必要なファンドを形成することにある。したがってそれは、民間によりコントロールされる。そしてフランスでも、医療・連帯相のA・ブジン（Buzin）が二〇一八年一月に、「フレンチ・インパクト」の開始を告知した。これにより、マクロン政権の五年間で、政府の負担する社会的コストは一〇億ユーロ削減することが見込まれた。それはまさに、「社会的金融の市場化」という動きの加速を目指したのである。

このような、イギリスの方法に順じたフレンチ・インパクトは果たして正当であろうか。医療を中心とする社会保護のシステムを民営化＝市場化＝ビジネス化すればどうなるか。その結果は目に見えている。例えば、そこではビジネス上の利益があるかどうか、あるいは採算がとれるかどうかという点が、政府の意思決定における最大のプライオリティになる。そうだとすれば、利益も採算もとれないような地域すなわち周辺部の医療は真っ先に見放されるに違いない。それでなくても、周辺部に住む人々の医療アクスセスは極端に悪い。この傾向が、医療の民営化で一層強まることは疑いない。

　このようにして見ると、マクロン政権が新たに掲げる社会プロジェクトが、一般市民とりわけ低所得で生活困難に苦しむ周辺部の庶民階級を保護するとは到底考えられない。マクロンが、大統領選で社会は左派で考えるとあれほど強調したことは、ここにきて明白に反故にされた。しかもそれが、社会モデルの強化を求める黄色いベスト運動の勃発後に表されたことは、人々の失望と社会的な怒りを一層高めるに違いない。

注

1　Bissuel, B., “Contrats courts : les exonérations de charge critiques par l'OFCE”, *Le Monde*, 20, décembre, 2018.
2　Blondel, A., “Salaires, retraites, prix: ce qui change en 2019 2, *Le Monde*, 31, décembre, 2018.
3　Desmoulière , R. B., & Bissuel, B., “Retraites : les régimes spéciaux remodelés ?”, *Le Monde*, 2, mars, 2019.
4　Schittley, R., “A Lyon, la révolte touche davantage les établissements périphériques”, *Le Monde*, 7, décembre, 2018.
5　Battaglia, M., & Stromponi, C., “Blous :《Impossible de se faire entendre autrement》”, *Le Monde*, 7, décembre, 2018.
6　Battaglia, M., & Stromboni, C., “Movement lycéen : une cartographie inédite”, *Le Monde*, 14, décembre, 2018.
7　Guilluy, C., *La France périphérique*, Flammarion, 2014, pp.97-100.

8 Zappi, S., "《La France périphérique》demande à être respectée", Le Monde, 29, novembre, 2018.

9 Coutant, I., "L'union de la France des《petits -moyens》", *Le Monde*, 9/10, décembre, 2018.

10 Rof, G., "L'antisémitisme est révélateur d'ún état social déstabilisé", *Le Monde*, 20, février, 2019.

11 Lemarié, A., "Un grand projet social pour la suite du quiquennat", *Le Monde*, 2, mars, 2019.

12 Pinçon, M., & Pinçon-Charlot, M., *Le président des ultra -riches*, La Découverte, 2019, pp.120-121.

第Ⅳ部

代表制民主主義の危機

第七章　寡頭政治体制の確立

一．マクロンの基本的姿勢をめぐる問題点

マクロンは、大統領に就任すると直ちに様々な改革に着手した。それらはすでに見たように、フランスの国民とりわけ庶民階級にとって生活を改善させるものでは全くなかった。逆にそうした改革は、かれらの生活を一層困難にさせた。そして大事な点は、マクロン自身がこの点を全然察知していなかったという点である。なぜであろうか。それは、彼の基本的な政治姿勢の中に、庶民階級に対する配慮が当初より欠けていたからに他ならない。

実は、この点はマクロンのそうした階層の人々に対する蔑視となって現れていたのである。彼はすでにオランド政権下の経済相時代に、かれらを侮蔑する言葉を枚挙にいとまがないほど発していた。マクロンが、これによって裕福では全くない庶民階級に対し、エリートの横暴というマイナスのイ

メージを与えたことは疑いない。大統領就任後も例えば、二〇一七年九月のギリシャにおける労働権の破壊に対する社会運動に対し、彼は、「私は怠け者に対しても、良識に反する人に対しても、また過激派に対しても、かれらが誰であれ譲歩しない」と語った。[1] さらに、同年一〇月に、ドイツの権威あるデア・スピーゲル（Der Spiegel）誌のインタビューで、彼は庶民階級を、品行が悪く堕落した下劣な人々と称した。[2] これ以上の侮蔑の表現もないであろう。

こうしたマクロンの庶民階級に対する軽蔑的な姿勢は、その後も続けて表された。彼は二〇一八年六月に、現行の社会政策に対し、それは「社会的最低保障の生活をしている奇妙な人間に銭を与えるようなもの」と述べる。[3] マクロンは、そうした生活をしている人々を正常でない人間とみなす。これこそまさに、社会的蔑視以外の何物でもない。それから約半年後に黄色いベスト運動が勃発したのも、このような彼の横暴な発言が一つのきっかけになっているのではないか。そう思わざるをえない。

一方、マクロンのそうした基本的姿勢は、その政策面でもはっきりと現れた。この点について、パリ・シアンス・ポリティーク政治学教授のR・カイロール（Cayrol）が詳しい分析を行っている。[4] 以下では彼の行論に沿いながら、マクロンの政治的姿勢を検討することにしたい。その特徴は一言で言えば、ヒエラルキー的（垂直的）統治として示される。この点は、彼が大統領選キャンペーンで、フランス独特の連合組織の設立を望むとする約束を完全に反故にするものであった。* 彼は当初より、

---

* マクロンの水平的統治から垂直的統治に変化した点については、前掲拙著『社会分裂に向かうフランス』二四四〜二五〇ページを参照されたい。

社会的パートナーとしての労働組合に代表されるような、いわゆる中間的組織との対話を拒絶した。マクロンは、唯一大切なものは社会でなく個人であり、かれらの解放こそが目指されねばならないと認識する。[5] こうして彼は、労働組合との伝統的な交渉を拒んだ。そこには交渉も協議もない。あるのは相談だけであった。フランス国有鉄道の改革案が提示された際に、この点は如実に示されたのである。

しかし、民主主義社会を進めていく上で、中間的組織が重要な歯車の役割を果たすのは当然であろう。かれらとの協議を欠くことは、それゆえ社会的混乱の大きな要因となる。[6] マクロンの頭の中に、このような考えは全然ない。黄色いベスト運動のアクトⅠに対し、彼がほとんど反応しなかったのもそのためである。

他方で、マクロンの政治に対する基本理念も問題とされねばならない。彼は確かに、政策の針路を示した。そして、それを維持することがくり返し語られた。では、そこに明白なイデオロギーがあるかと言えば、決してそうではない。彼の唱えるプロジェクトで本当に社会的転換が図れるか。フランスの人々は、もはやそれを信じていない。[7] そのプロジェクトは経済的なものであっても、社会的なものではないからである。ところが彼は、あくまでも針路に基づいて改革を止むことなく進めると宣言した。

マクロンは一方で、政治的プラグマティズムと純粋なテクノクラート主義を非難する。[8] しかし実際には、彼は大いにプラグマティストであった。彼は政治的行為に関して三つの層を考慮する。それらは第一にイデオロギーの層、第二にテクノクラートの層、そして第三に現実と日常の層である。そこで彼は、第一の層よりはむしろ第二と第三の層を重視して改革を進めたと言ってよい。

では、彼のイデオロギーはどうか。それは全くない訳ではない。そのイデオロギーは、彼の指導教授であったF・ドス（Doss）の考えに基づいている。[9] 端的に言って、それは同時論である。そこでは要するに、二つの相異なる事を同時に考えることが目指される。例えば自由と平等、成長と連帯、企業と賃金労働者などの二つのテーマを同時に論じることがその骨子である。果たして、そのようなことが可能なのか。実際にマクロンが寄って立ったのは、どちらか一方であり、それは明らかに右派に傾くものであった。この点は、彼が二〇一八年七月に、「私が信じる社会政策の第一の軸は各人を解放する政策である。それは、社会決定論から自由になる」と語ったことで明白に表された。これが、左派の自由主義でないことは言うまでもない。彼は、右派でも左派でもなく政策を決定するという当初の姿勢を、ここではっきりと捨てたのである。

このようにしてマクロンは、経済的不平等に対しても、社会的手当てを支給することでそれを解消するとはみなさない。彼は、そうした不平等の要因を個人そのものに求める。もちろん、そこでの個人は富裕者でない。そこで彼は政策を進める上で、その正当性を三つの用語を使いながら説く。それらの用語は解放（emancipation）、公平（equite）、並びに連帯（solidarite）である。これらはいずれも問題を抱えている。まず彼の示す解放は、あくまでも個人の社会からの解放であって、社会そのものが個人を解放するのではない。また、平等（egalite）は公平に置き換えられている点に注意しなければならない。マクロンはこうして、社会保護に基づいた経済的平等の追求を、その政策原理から外したのである。したがって連帯も、ここで実質的な意味を持っているのでは全くない。それは、たんなる飾りの言葉として使われたと言ってよい。このような彼の基本的姿勢に対し、生活困難で日々不平等を強く感じている庶民階級が、怒りの気持を高めるのは当然ではないか。それはまさに、黄色いベスト運動となって爆発したのである。

二．テクノクラート主導の寡頭政治体制

以上に見たようなマクロンの基本的姿勢は、彼の政治運営にそのまま反映された。それは、マクロン派の高級官僚であるテクノクラートが主導する体制となって現れた。マクロンが政治を動かす三つの層の中で、テクノクラート層が最も有力な層として前面に出てしまった。彼が第一に否定したはずの政治的プラグマティズムが、これによって一挙に推進されたのである。

経済の面で見れば、首相、大統領顧問、共和国前進の議員、並びに高級官僚は、それこそ一体となって一つの政策を進めた。それは財政緊縮であった。その結果、貧困者を救済するための財政的再分配は当初よりブロックされてしまった。フランスの一般市民とりわけ裕福でない庶民階級が、黄色いベスト運動に参加しながら一斉に憤りの声を挙げたのも、その点でよくわかる。

共和国前進のマクロン派議員はそもそも、テクノクラートによる政治支配体制を転換することを国民に誓って当選したはずではないのか。ところがかれらは、政権が発足すると高級官僚にスポイルされた政治システムにはまってしまった[10]。この点で、マクロン政権下の政治体制は、以前のサルコジやオランドの時代と全く変わっていない。否、むしろかれらのときよりも、テクノクラート色が一層強

まったと言ってよい。それは、国立行政学院（Ecole nationale d'administration：ENA）出身者の論理で動かされた。かれらはすべてを決定するものの、地に足をおろしたことがない。とくにテクノクラートは、財政赤字に関して欧州の定めた三％（対GDP比）ルールにとりつかれている。かれらにとって、このルールはドグマであった。しかし筆者がくり返し指摘してきたように、この三％という数値に理論的かつまた経験的な根拠は全然ない*。テクノクラートも政治家も、この点を何も理解していないのである。それにも拘らず、かれらは閣僚といっしょになって、財政赤字の削減を先に見たように、税金の引上げにより二〇一九年初めから推進しようとした。それだから経済相のルメールは、一二月一〇日にマクロンが一般社会保障負担税の引上げ停止を宣言したことに対し、最後まで反対したのである。

ところで、振り返って見れば直ぐにわかるように、マクロン大統領もフィリップ首相も、そしてコーラー大統領府代表もすべて、国立行政学院出身の純粋なテクノクラート的エリートである。この点を忘れてはならない。つまり、マクロン政権は当初より、そうしたエリートを軸として政策運営を行った。その結果どうなったか。黄色いベスト運動による庶民階級の反逆は、かれらの最初のつまずきを示したのである。

こうした中で、政府与党からも、テクノクラート的な政治の方法は失敗したとする非難の声が聞かれた。共和国前進の新総裁ゲリニは、この点を率直に認める。また、マクロンの側近も高級官僚の力に対する反対を強めた。共和国前進の中軸は、政治が現実の人々の生活から分離することはありえな

＊　欧州の財政規律の問題点については、拙著『欧州財政統合論』ミネルヴァ書房、二〇一四年、第一章を参照されたい。

いとして、かれらを批判する。とくにかれらが糾弾の対象とした人物はコーラーであった。というのも、彼が政策のほとんどを決定していたからである。

コーラーは、まさしくマクロンの右腕であった。[11] 彼は、アルザス出身のストラスブール（ＥＵ）学派であり、マクロンとほぼ同年齢の元閣僚であった。その知性と事務能力の高さは絶賛された。ところが、黄色いベスト運動の勃発後に、彼は共和国前進の批判の的となる。コーラーは、あまりにテクノクラート的であるとして激しく非難されたのである。

しかし、高級官僚であることを自負するコーラーは、そうした批判で自らの姿勢を変えるつもりは全くないし、またその地位を譲るつもりもない。経済政策の面で、財政赤字の対ＧＤＰ比三％という制約を外す考えは、彼の頭の中に毛頭なかった。この点は、フィリップ首相と全く同じである。コーラーにとって、数値の目標達成が最重要な課題であった。それによって人々の現実の生活がいかに影響を受けるかという点は、微塵も考慮されていないのである。彼のこうした姿勢が、黄色いベスト運動が開始された後も全然変わっていないことは、実に驚くべき点であろう。ここに、非エリートとしての一般市民の気持などは全く理解しないし、またするつもりもないという、極めて冷酷なテクノクラートの姿を如実に見ることができる。

一方、マクロン自身はどのような言動を表したか。彼はまず、フランスの人々をひどくいら立たせたことの要因は、自分の「不手際」であった点を初めて認めた。[12] ここでマクロンは自ら、政治運営上の誤りを明らかにしたのである。これは彼の側からして見れば、問題解決に向けた大きな一歩とみなされたに違いない。しかし問題は、そうした彼の言葉がフランス人の間に真に伝わるかという点であろう。

　マクロンは確かに、二〇一八年一二月一〇日に、先に見たように経済政策の一部手直しを行った。それは、最低賃金の増大と労働者の社会保険料の減少となって現れた。彼は、最低賃金の引上げが有権者の信認を再建させる鍵と捉えたのである。しかし、それは他方で、当然に財政的な裏付けを必要とする。彼にその用意があるのか。もしなければ、そうした対策の効果は甚だ疑わしいと言わねばならない。

写真 7-1　マクロンの辞任を要求する運動参加者を写したもの。　筆者撮影（パリ、シャンゼリゼ通り、2019 年 2 月）

　さらにここで、次の点に注意する必要がある。それは、マクロンのそうした経済政策の見直しに関する宣言が、極めて小さな委員会で決定されたという点である。[13] そこでは、何とルメール経済相でさえ外されていた。ましてや共和国前進の一般議員が、それを予め知る由はなかった。このように、マクロンの統治方法はやはり、彼の側近のみで運営する少数者支配型の垂直的統治であった。これでは、一般市民どころか、与党の政治家でさえも納得する訳にはいかないであろう。ここに至って政府は、機能不全もしくは全般的混乱の事態に陥ったと言わねばならない。

　マクロンは確かに、黄色いベスト運動という大きな山火事を消しにかかった。しかし、彼の宣言でその火が完全に消えた訳では決してない。[14] フィリップ首相をはじめとする政府の執行部は、マクロン大統領は国民の怒りを理解してそれに十分対応したとみなした。しかし実際には、かれらは誰一人として真の勝利をまだ信じていなかったのである。事実、マクロン政権が二〇一九年から進める諸々の改革は、黄色いベスト運動によってかき回されてしまった。共和国前進の中には、目の前には不可能な改革しかないと発言する議員も現れた。ところが執行部は、マクロンと同じように、「プログラムは変更しない」とする姿勢を貫いた。フィリップは前に進むための協議を開始することを明らかにした。こうした中で、マクロンの人気は下落の一途を辿った。フランスを代表する世論調査機関の代表テーンチュリエは、この現象は「派手なマクロニズムの終焉」を意味すると語る。マクロン政権はこの事態にいかなる対策を新たに示したか。次にこの点を見ることにしよう。

三 マクロン政権の新たな対応

(一) マクロンの新指令

マクロンは二〇一八年一二月一〇日の宣言に続き、同年の一二月三一日にフランス国民に新たな指令を示した。[15] この指令は、前回のそれと異なるものであった。それは、一二月二九日の黄色いベスト運動アクトⅦにおける暴動に対応するものであった。大統領はここで、フランス共和国の秩序の保障を前面に打ち出したのである。

マクロンはまず、デモの参加者が辞任を要求したのに対し、国民の主権は選挙で発揮されるとしてそれを明確に拒絶する。ただし、その選挙が問題であることについては一切言及されない。他方で彼は、フランス全土にわたる人々の怒りを改めて認める。それが不公正、グローバル化、並びに複雑な行政システムに対するものである点に対しても彼は理解を示した。この点は、前回の宣言の内容と変わらない。

しかし、今回の指令が前回のものと決定的に異なる点は、マクロンが選挙キャンペーンで約束した改革を断固続けることを国民に告知した点にある。彼は、「（国民の）いらだたしさは、（政府）の計画断念を何ら正当化するものではない」（カッコ内筆者）と語った。そうした改革は失業保険の変更、より効果的な公共サービス、並びにより公正な年金システムなどに及ぶ。同時に、財政赤字の解消が当然念頭に置かれる。この点について彼は、「我々は、より少なく働いてより多くの利益をえることはできない。我々は、税金を引き下げて支出を増やすことはできない」と述べる。ここには、税の引下げには公共支出の削減で対処する他ない点が明白に示されている。これでもって、崩壊した社会モデルを再建できないことは言を俟たない。結局マクロンは、庶民階級のこれほどの反逆にあっても、その針路を変えるつもりがなかったのである。

このようにして見ると、マクロンの新指令は前回のそれと異なり、黄色いベスト運動に対して強腰の姿勢を表したと言ってよい。彼はここにきて、かれらの憎しみの声に対し、もはやそれを聞き入れることはできないという構えを明らかにした[16]。彼のこうした姿勢の転換が、同運動の過激化への対応であったことは間違いない。実際に同運動の過激グループは、富裕者や大企業のみならず、共和国前進の議員もその暴力的な攻撃の対象としていたのである[17]。こうした脅威は、第五共和政の中で前代未聞の大きさであった。

写真 7-2　凱旋門で、数多くの武装した警官隊が運動参加者を取り囲んでいる様子を写したもの。
筆者撮影（パリ、シャンゼリゼ通り、2019 年 2 月）

（二）暴動の鎮圧

このような中で、マクロン政権は暴動鎮圧の手段を打ち出す。それは、年を明けた二〇一九年一月五日のデモで現れた暴動に対処するものであった。[18] そこでは、国家の安全保障に対する法的かつまた行政的な対策が考えられた。実際にデモ参加者は減少するものの、黄色いベスト運動は一層過激なものと化した。マクロンはこれにより、同運動に対する声明のトーンを変える。彼は、かれらを「憎しみの気持を込めた群衆のメガフォン」と称した。[19]

フィリップ首相は、マクロン発言に呼応する形で、「反破壊法」の制定を二〇一九年一月七日に国民に告知する。[20] この法はかつて、テロリズムに対する罰刑として出されたものである。同じくそれは、公共秩序を重大に脅かすと考えられるデモを禁止することを示している。今回、この法が黄色いベスト運動に適用された。政府はこれによって、明らかに同運動をコントロールできると考えた。事実、これ以降、同運動の監視と抑圧のために大量の武装した警察官が導入されたのである。

では、こうした法的・行政的措置によって、社会秩序を完全に取り戻せるかと言えば、それは決して定かでない。まず、それは人々の怒りを鎮めるための最良の手段では全然ない。人々の怒りは、力によって抑えられるものではないからである。もしも、それを弾圧によって打ち消そうとすれば、完全に逆効果を生むリスクさえあると言わねばならない[21]。

ここで銘記すべき点は、国民の怒りを過小評価してはならないという点であろう。同運動が、より大きな社会的かつまた財政的な公正を求める限り、デモ参加者の怒りには十分な正当性を持った根拠がある。そうだとすれば、その公正を達成させる以外に人々の怒りが収まるはずはない。マクロン政権が、この点を理解しないままに、たんにデモの弾圧を強めれば、一般市民の政府に対する反感はますます強まるに違いない。政府と人民の間の溝は、一層深まることはあっても埋まることはないであろう。

(三) 野党の反応

一方、こうしたマクロン政権の新たな対応に対し、野党はいかなる姿勢を示したか。かれらは直ちにマクロンを攻撃した[22]。共和党のスポークスマンは「大統領はつねに否定する」とし、ルペンは、マクロンを「放火狂」「詐欺師」と称し、メランションは、マクロンは「金持ちと利益を分かち合う」とみなした。実際に、そうした野党の主導者がマクロンを非難しなくても、すでに彼の人気は大統領史上例がないほどの水準に低下した。二〇一八年一二月三一日の調査で、フランス人の三一％しか大統領を信認していないし、また一〇人のうち六人までが彼の考えに納得していないのである。

ここで、とくにメランションの動きが注目された。というのも、思想的に見て彼は、マクロンを最も批判すると同時に、黄色いベスト運動を最も支持する人物とみなされたからである。彼は案の定、二〇一九年初めに、大統領の君主制が終焉したこと、また、同運動の代表者の一人であるドルーエを、フランスの革命史の中で決定的に重要な人物であることを表明した。[23] そこでメランションと不服従のフランスは、ドルーエに同盟を呼びかけたのである。

ところが、こうしたメランションの姿勢によって、不服従のフランスと他の左派との間に亀裂が走ることになる。元社会党党首のアモンは、メランションをもはや理解できない、したがって彼は左派の中心人物ではないとさえ評した。[24] フランス社会党そのものがすでに分裂している上に、ここにきて左派の間で大きな溝が生じたのである。

他方でドルーエ自身は、メランションの呼びかけに全然応じるつもりがない。彼の念頭にあるのはつねに、マクロンとの面談であって、既成の政党が左派であれ右派であれ、かれらと共同することではない。そうだとすれば、メランションのドルーエに対する熱い思いは、一方的なラブ・コールにすぎない。この点は、ドルーエのルペンと国民連合に対する姿勢にも同じく現れている。彼は、ルペンには投票しないことをきっぱりと宣言したのである。

一体、メランションはどのような方向に進もうとしているのか。有権者が疑心暗鬼になるのは当然であろう。事実、彼の言動は二〇一八年の秋以来、理解不能と言われた。[25] 彼の考えは絶えず大きく揺れ、衝動的でさえあった。ル・モンド紙との応対を拒絶したのもその現れである。彼が掲げる左派ポピュリズムは何を目指そうとしているのか。この答えをメランション自身が用意していないとすれば、不服従のフランスが仮に黄色いベスト運動との共同を図れたとしても、かれらの行き先は見えてこない。この点でドルーエと同運動が、かれらの呼びかけに一切応じなかったのは賢明であったと言ってよい。

四　マクロンの国民への手紙と大討論会

ところでマクロン大統領は、二〇一九年一月一三日付けでフランス国民に対して手紙を書いた。その全文は直ちに、ル・モンド紙に掲載された[26]。その目的は言うまでもなく、国民の怒りを鎮め、黄色いベスト危機からの脱出を図るためであった。その骨子は次のようにまとめられる。

第一に、マクロンは国民の怒りに対して再び理解を示す。そうした怒りの要因として、租税の引上げ、公共サービスの悪化、賃金の低下、生活することの尊厳の消失が挙げられる。人々が公正な社会を望んでいることに彼は同意する。ただしマクロンは、そうした怒りが暴力に転化することを強く拒絶する。その際に彼は、メディアやジャーナリストの非難も受け入れられないし、その正当性もないことを表明する。彼は人々が攻撃的になることによって社会は失われると認識する。

第二に、マクロンは国民的な大討論会の開始を宣言する。それは、彼が大統領選で掲げた改革のプロジェクトの是非を問うためである。言うまでもなく彼自身は、あくまでも改革の実行に忠実であり続けることを強調する。そうした大討論のテーマとして、租税と公共支出、国家の組織と公共サービス、エコロジカルな移行、並びに民主主義と市民権、の四つが取り上げられる。

第三に、それらのテーマの中でマクロンは、第一のテーマ、すなわち租税と公共支出を最も重要なものとして捉える。彼は、租税こそが「国民的連帯」の中核にあり、この税が我々の公共サービスを賄うと主張する。ただし、それはあまりに引き上げられると経済に害を及ぼす。そこで彼は、いかにして租税をより公正にすることができるかを問う。それは、租税の引下げによってではない。なぜなら、公共支出の削減なしに租税の引下げは考えられないからである。彼はこのように唱える。

第四に、マクロンは社会モデルを問題にする。彼は一方で、それが不十分であり、他方でそれはあまりも高くつくと考える人々がいることを認める。そうした中で、政府が医療、貧困、並びに失業に対して応じ始めたことを強調する。その際に彼は、社会的協定を重視し、それをよりよく組織することを宣言する。

以上、マクロンの手紙における主要論点を四つに整理してみた。問われるのは、そうした論点が何を意味し、またそれらを、フランス国民が十分に納得して受け入れるかどうかという点であろう。

フランス国民に手紙を書いた大統領は、マクロンが初めてではもちろんない。F・ミッテラン(Mitterrand)が一九八八年に、またサルコジも二〇一二年に各々手紙を書いている[27]。しかし、今回のマクロンの手紙が書かれた状況は、それまでのものとは決定的に異なる。彼の手紙はまさに、フランスが政治・社会・経済の大危機に直面する中で書かれた。それは言ってみれば、切羽詰まって書かされた。それだけマクロン政権は、真に脅かされていた。そしてこのことをもたらしたのが、黄色いベスト運動に他ならない。我々はまず、この点をしっかりと認識する必要がある。

では、マクロンはこの手紙でもって、国民の信頼を再び勝ちとることができるであろうか。そこには、いくつもの問題点がある。最大の問題はやはり、彼の租税観であろう。彼は、租税と公共支出の連関を問う。これは、先に見た彼の同時論に基づくものであり、それ自体のロジックは否定できない。

公共支出の資金源が、税収に基本的に依存することに異を唱える人はいないであろう。問題となるのは、その際の税収の中味である。彼は、税を引き下げれば、それだけ公共支出は減ると訴える。ところがマクロンは、連帯富裕税の廃止と競争力と雇用のための課税減免の強化を提示したときに、そうした一般論を一切唱えなかった。一般市民が直接に大きな影響を受ける燃料税と一般社会保障負担税の引下げに際して、その一般論が振りかざされたのである。これは、国民に対する明白なブラック・メールを意味すると言ってよい。

他方で、租税の公正さに対するマクロンの姿勢も大きな問題である。彼はここに至っても、連帯富裕税の復興を全く考えていない。彼はこの点について次のように答える。「多くの人々は、連帯富裕税を復活させるべきだと言う。なぜなら、それは公正だから。私はかれらに問う。それで以前よりよくなるかと。そうではない」。[28] 黄色いベスト運動の参加者や支持者は、彼のそうした姿勢に納得できるであろうか。マクロン自身、手紙の中で、租税こそが国民的連帯の中核にあると書いている。このことと連帯富裕税の廃止とは、どのように整合されるのか。彼の考えには、根本的な矛盾があると言わねばならない。もしも彼が、燃料税と一般社会保障負担税を国民の連帯のために必要とする一方、連帯富裕税は国民の連帯に反するとみなしているとすれば、これは言語道断であろう。このようなマクロンの認識が続く限り、人々とりわけ庶民階級の怒りが収まるはずはない。

一方、そうした租税観との関連で、マクロンの社会モデル観が問われる。そもそも彼は、社会モデルという言葉が好きでない*。したがって今回の手紙においても、公共支出の削減を前提とするために、

* この点については、前掲拙著『社会分裂に向かうフランス』三一九〜三二〇ページを参照されたい。

社会モデルの復興に対して具体的な提案は何ら出されていない。それは、社会的協定という抽象的表現に留まっている。フランス国民の最大の不満が、この社会モデルが現在崩壊の危機に晒されている点にあることを踏まえれば、かれらが、このような大統領の姿勢に反発するのは必至であろう。

さらに民主主義の問題がある。民主制そのもののあり方については次章に譲るとして、ここでは言論の自由という点に注目したい。マクロンは手紙の中でメディアとジャーナリストを、かれらが攻撃的であると非難している。この批判は正当であろうか。無闇に暴言を吐くことと、正しい根拠を持って激しく批判することとは決定的に異なる。後者は、絶対に悪意のあるものではない。そうした批判が許され、それが一般市民に公開されることこそが、そもそも言論の自由を前提とした本来の民主主義の姿ではないか。一国のトップに位置する大統領自身が、自分自身に対する痛烈な批判を排除するために、そのような姿勢を国民に示したとすれば、それは民主主義そのものの否定につながると言わざるをえない。いつの時代でも、歴史が証明しているように、メディアとジャーナリズムこそが民主主義の砦の役割を果たしてきたからである。

ところで、今回のマクロンの手紙の中で、一つの重要な指令が出された。それは、先に見た四つのテーマに関する国民的な大討論会を開始するというものである。これは、二〇一九年一月半ばより三月半ばまでの約二ヵ月にわたって行われるとされた。彼は、この大討論会の開催を大統領任期期間におけるアクトⅡと位置けたのである[29]。そのための国民的委員会も設けられた。政府関係者は、そうした大討論会が政府とフランス人との関係を変更するものとみなした[30]。かれらは、フランス人と直接議論する場をつくり出すことで、政府は新たなパースペクティブを提供できると考えたのである。大討論会は、ほんとうにかれらの思惑どおりに成功するであろうか。

フランスの人々は確かに、これによって不満のリストをつくり、それを発散する機会をえることができる。中でもとくに重視されるのは、財政的公正、社会的公正、並びに民主主義的公正であると言われる。これらはすべて、実は黄色いベスト運動で訴えられてきたものである。そうだとすれば、この大討論会において、国民と政府の対立的関係がむしろ一層露呈されるのではないか。先に指摘したように、マクロン自身は手紙の中で、それらの公正を果たす姿勢を示すどころか、逆にそれらを否定さえしていると見ることができるからである。そうした大討論会をつうじて、マクロン政権は、人々の満足のいく政策的パースペクティブをいかに打ち出せるか。この点が問われるに違いない。

注

1 Pinçon, M., & Pinçon-Charlot, M., *Le président des ultra-riches*, La Découverte, 2019, p.10.
2 *ibid*., p.13.
3 Cayrol, R., *Le président sur la corde raide*, Calmann-Lévy, 2019, p.167.
4 *ibid*.
5 *ibid*., pp.131-138
6 *ibid*., pp.144-145.
7 *ibid*., pp.155-159.
8 *ibid*., pp.190-191.
9 *ibid*., pp.197-203.
10 Lemarié, A., & Malingre, V., "Les《technos》dans le viseur de la Macronie", *Le Monde*, 20, décembre, 2018.

11 Pietralunga, C., "Alexis Kohler, bras droit du président, critiqué dan la majorité", *Le Monde*, 20, décembre, 2018.

12 Lemarié, A., & Rescan, H., "Macron tente de remobiliser des parlementaires déboussolés", *Le Monde*, 13,décembre, 2018.

13 Desmoulières, R.B., Bissuel, B., Pietralunga, C., & Tonnelier, A., "Macron, le casse-tête des promesses", *Le Monde*, 15, décembre, 2018.

14 Malingre, V., "Après les announces, l'exécutif passe aux travaux pratiques", *Le Monde*, 13, décembre, 2018.

15 Pietralunga, C., "Macron veut reprendre le fil de son mandat", *Le Monde*, 3, janvier, 2019.

16 Pietralunga, C., " 《Gilets jaunes》 , la ligne de faille de la Macronie", *Le Monde*, 5, janvier, 2019.

17 Lemarié, A., & Rescan, M., "Les députés LRM, cibles de menace inédites", *Le Monde*, 10, janvier, 2019.

18 Pietralunga, C., "Face aux《gilets jaunes》 , Macron mise sur le sécuritaire", *Le Monde*, 8, janvier, 2019.

19 Faye, O., & Malingre, V. "Face aux violences, l'exécutif hausse le ton et muscle son dispositif", *Le Monde*, 9, janvier, 2019.

20 Vincent, É., "Philippe annonce une loi《anti-casseurs》 ", *Le Monde*, 9, ianvier, 2019.

21 Jacquin, J.-B., "On continue de s'inspirer de l'état d'urgence", *Le Monde*, 9, janvier, 2019.

22 Pietralunga, C., "Macron veut reprendre le fil de son mandat", *Le Monde*, 3, janvier, 2019.

23 Olivier, E., "Jean-Luc Mélenchon《fasciné》par le《gilet jaune》Eric Drouet", *Le Monde*, 3, janvier, 2019.

24 Olivier, E., " 《Gilets jaunes》: la《fascination》de Mélenchon fracture la gauche", *Le Monde*, 4, janvier, 2019.

25 Mestre, A., "La stratégie floue de Jean-Luc Mélenchon", *Le Monde*, 11, janvier, 2019.

26 Macron, E., "La lettre aux Français", *Le Monde*, 15, janvier, 2019.

27 Malingre, V., "Une lettre pour relance le quinquennat", *Le Monde*, 15, janvier, 2019.

28 Leclerc, A., Pietralunga,C., & Roger, P., "Grand débat : Macron repart en campagne" *Le Monde*, 17, janvier, 2019.

29 Roger, p., "L'exécutif face au casse-tête du《grand débat》 ", *Le Monde*, 11, janvier, 2019.

30 Barroux, R., Faye, O., & Malingre, V., "Ouvrir le débat, c'est accepter d'aller en terrain inconnu", *Le Monde*, 11, janvier, 2019.

第八章　市民主導の国民投票（ＲＩＣ）

一．市民主導の国民投票の提起

黄色いベスト運動は、二〇一八年一一月一七日のアクトⅠから交通を遮断する一方、一二月半ばのアクトⅤから新たな運動の展開を見せる。これは、それまでの経済的・社会的な公正を求める要求から、政治的な公正すなわち民主主義の改善の要求に発展的に転化する姿を示した。これが市民主導の国民投票と呼ばれるものであった。[1]そこで最後に、この点について検討することにしたい。

黄色いベスト運動は、前章で論じたテクノクラート＝エリート主導の寡頭政治体制に、今日の代表制民主主義の欠陥と病を見た。マクロンが国民への手紙の中で、これに対して何も具体的に言及しなかったことに対して、同運動の参加者と支持者は不安と不満を大いに募らせた。かれらは、マクロンの示した経済的解決に対し、同運動の目指すことが経済的勝利だけではないことを、ここではっきりと誓う。これまでのかれらの社会運動は、政治運動を巻き込む形に進化したのである。この点で同運動は、先に論じたように、一過性の過激な暴動で象徴されるような、言わばかつての一揆のスタイルで終るものでは決してなかった。この点を忘れてはならない。

では、こうした黄色いベスト運動による市民主導の国民投票の要求に対し、マクロン政権と野党はいかなる反応を示したか。まず、与党の共和国前進の動きを見てみよう。かれらは総じて、この要求にとくに関心を寄せることがなかった。否、それどころかかれらは、この提案に非常に消極的であった。共和国前進が、同案に対するポジションを公に表明することはない。マクロン派は、それを国民連合や不服従のフランスによる右派・左派のポピュリストの主張と同じ次元で捉える。共和国前進は同時に、国民投票が政府の政策に対する可否を問う以上、それが直接民主制に向かわせるリスクを強く意識した。それゆえ同党の議員らは、むしろ市民参加型の民主主義を押し進めることで代表制民主主義を豊かにすることを考える。これが、「共有のイニシャチブによる国民投票（référendum d'initiative partagée：RIP）」と呼ばれるものであった。[2] しかし、ここで注意すべき点がある。それは、二〇一八年七月の段階では、同党は実は市民主導の国民

写真 8-1　市民主導の国民投票（RIC）を訴える運動参加者を写したもの。　筆者撮影（パリ、シャンゼリゼ通り、2019 年 2 月）

投票を好ましいものと唱えていた点である。かれらの姿勢は間違いなく、黄色いベスト運動がそれを要求し始めたことで一変したと言わねばならない。

他方で政府は、こうした市民主導の国民投票の要求を完全に無視する訳にはいかなかった。フィリップ首相はそれゆえ、同運動のアクトV後直ちに、これに対する姿勢を表明する。[3] 彼は、この要求に対して一定の理解を示した。しかし、それは無条件にではなかった。市民主導の国民投票が、政府と市民の力関係を問題にする以上、それは、これまでの民主主義制度を根本から変えてしまう恐れがある。彼は、そう感じたに違いない。ただし、この問題を、マクロンの指令した大討論会で積極的に議論することは否定されない。この点は、マクロンについても同様である。とくにマクロンは、代表制政治機構の見直しに積極的な姿勢を示したのである。

一方、野党の反応はどうか。市民主導の国民投票に対して真っ先に支持を表明したのは、やはり不服従のフランスであった。同党の総裁F・ラファン（Raffin）は、黄色いベスト運動のそうした国民投票の表明に対し、間髪を入れずに賛同する見解を発表した。[4] 彼は、二〇〇五年の欧州憲法条約に対する国民投票以来、フランスの人々が代表制民主主義をもはや信頼していないと断じる。この点で、市民主導の国民投票はまさに新たな民主主義に向けて花を開くことになる。彼はこう唱えた。こうした主張は、人民第一主義を強く訴えるメランションの立場と一致する。

これに対して、右派ポピュリストの国民連合はルペンを筆頭に、市民主導の国民投票に対し不服従のフランスほどの熱狂的な支持を示していない。例えばルペンは、移民問題との関連でその意義を認めるにすぎない。[5] こうしたルペンと国民連合の姿勢を見る限り、かれらはやはり、直接民主制とは裏腹の専主制を真に目指しているのではないか。そう思わざるをえない。したがってかれらは、そのような国民投票の要求に対しても、それが反マクロン勢力を強める限りで支持するものの、本質的にそれを認めているのではない。この点が、黄色いベスト運動の要求をめぐって露呈されたと言ってよい。

他方で、左派本流の社会党はどのように反応したか。かれらは実は、共和国前進と同じ姿勢を今回示した。市民主導の国民投票が不服従のフランスによって強く支持されたからには、社会党も何らかのイニシャチブをとる必要があった。その答は、共和国前進の唱えた共有のイニシャチブによる国民投票である[6]。かれらは、この国民投票を連帯富裕税の復活のために必要であるとみなす。しかしここには、かなり実践的な問題も含まれている。そもそもそうした国民投票は、二〇〇八年のサルコジ政権のときに導入されたアイデアである。ただし、そこには様々な条件が付けられた。その中には、議会の五分の一の支持とフランス人有権者の一〇%の署名という条件が入っていた。そこでマクロン政権も、これと同じ条件を考えているとすれば、社会党主導の国民投票を実現させることはできない。同党はここでも、大きな壁にぶつかると言わねばならない。社会党は一体、国民とりわけかれらを支持するはずの庶民階級に対し、何をアピールするつもりなのか。この点は全く見えてこない。一つだけ明らかなことは、少なくとも黄色いベスト運動の参加者と支持者が、かれらの方針に賛同するはずはないという点であろう。

二 大討論会と市民主導の国民投票

マクロンは先に見たように、国民への手紙の中で、民主制と市民権の問題について、国民の間で議論することを指令した。彼にとって、このテーマは政治機構の見直しとして捉えられる。これによって、代表制議会政治を乗り越えることが目指されたのである。一方、黄色いベスト運動の要求する市民主導の国民投票に対し、彼はどのような見解を示したであろうか。

マクロンは、大討論会が終了して一ヵ月ほど経った四月二五日に、国民に対して討論の総括と今後の方針について告知した[7]。彼はそこで、三つの基本方針を示した。それらは第一に、救済の形を根本から変えること、第二に、改革を行うこと、そして第三に、針路を維持することである。こうして彼は、フランス社会の転換は続けて行わなければならないとする姿勢を改めて明らかにした。

一方、このような基本方針の下にマクロンは、黄色いベスト運動の要求する市民主導の国民投票をはっきりと拒絶する。そこでは、先に見た共和国前進の主張する共有のイニシャチブによる国民投票が選好されたのである。ただし、それはサルコジ政権が提示したものとは異なり、一層単純なものとすべき点が謳われた。同時にマクロンは、一般市民に対して民主主義への参加を呼びかける。その中で彼は、現行の議会制を見直し、比例制の導入を告知する。総じて彼は今回の告知で、「より人間的」な運営を国民に約束した。しかし彼は他方で、改革の遅れは一切ないこと、そして変わるのは唯一方法であることも明言する。このような告知で国民は納得できるであろうか。

マクロンは黄色いベスト運動が開始されてから五ヵ月の間に、かれらの声に真に耳を傾けたか。まず、この点が問われるであろう。同運動の最も強い要求は、実は政治制度の改変であり、それが市民主導の国民投票として表された。これを真っ向から否定した以上、彼が同運動の参加者・支持者達に寄り添う姿勢を全く見せていないことは明白である[8]。かれらのもう一つの要求であった連帯富裕税の復帰も、マクロンは固く拒否した。ここでも彼は、針路は変えないとする前提に立つ。彼は、同税の廃止は富に対する課税の廃止ではなく、実体経済への投資を促すためのものと認識する。こうして彼は、「もしも不公正を正したいのであれば、労働が支払うことにならなければならない」という見解を貫く[9]。他方で彼は、所得税の減税を告知する。これが、租税の公正に最もよい方法とみなされたのである。

このようにして見るとマクロンの指令した大討論会は、人々の怒りのハケ口としてたんに形式的に行ったにすぎないのではないか。そう思わざるをえない。大討論会で市民主導の国民投票がいくら唱えられたとしても、彼の頭の中には、初めから共有のイニシャチブによる国民投票の考えがセットされていた。前者は、あくまでも参考意見として扱われたにすぎない。市民主導の国民投票の問題は、市民参加型の民主主義の問題にすり替えられてしまったのである[10]。

確かに共有のイニシャチブによる国民投票は、二〇〇八年以来憲法の中に組み入れられている。しかし、それが達成されたことは今日まで一度もない。そこには、市民に対して厚い壁がある。かれらはそれを発動するために、有権者の一〇％の署名を集めなければならない。しかも先に見たように、それは議会での承認が必要とされる。要するにそうした国民投票は、市民参加を促すものの、結局は議会制民主主義を大前提とする。それは、代表制民主主義を根底から変えるものでは全然ない。ここに、共有のイニシャチブによる国民投票と市民主導の国民投票の完全な相違を見ることができる。

マクロンは、今日の民主主義の問題を決定能力の不足問題と捉える。そこで彼は、議会の改革を行うことでその能力を高められるとみなした。それは、議員数の低下と比例制の導入で達成されると考えられたのである。この点で彼は、間接民主制の立場を一切崩そうとしない。市民主導の国民投票の最終目標が直接民主制への移行にある以上、マクロンがそれを拒否するのは当然であろう。このような彼の、いかにもテクノクラート的な改革でもって、今日の民主主義の危機は乗り越えられるであろうか。問われるのはこの点に尽きよう。

三　代表制民主主義と寡頭支配

そもそも、フランスの代表制民主主義に関する議論は、二〇一七年の大統領選の折にすでに行われていた。そこではまさに、直接民主制と参加型民主主義への進展の問題が盛んに論じられたのである[11]。それは、民主主義の再建が、市民との政治的関係を刷新する上で必要不可欠であったからに他ならない。そして実践的にはすでに二〇一六年の段階で、新たな市民参加型の政治運動が展開されていた。それは、「夜を徹した抗議（Nuit debout）」という市民の連合体で示された。そこでは、すべての市民が議論できる広場が設けられたのである。その際に論じられた主要論点は次のようであった。第一に、政治は、数多くの市民の強い要求に応える必要があること、第二に、ポスト・モダンの民主主義は、もはやテクノクラートに依存しないこと、そして第三に、政治は、より水平的なものであり、またより多くの人々が参加できることである。

今日、すべての欧州民主主義国家において、これまでの代表制かつ議会制の政治制度が危機的状況に陥っていることは疑いない。それゆえ、そうした危機の克服こそが現代政治の最重要課題になる。それは、直接民主制の道によって可能になるか、あるいは参加型民主制の道によって可能になるか。フランスはまさしく、その一つの実験場と化したと言ってよい。この点について、パリ・シアンス・ポリティークの政治研究所長であるL・ルーバン（Rouban）が詳細に検討している。[12] 以下では、彼の行論に沿いながらこの問題を論じることにしたい。

実際にフランスの政治家はこれまで、強く専門職化すると同時に、社会的リクルートの道を閉ざしてきた。[13] この点は、選挙方法の改革で変わることがない。しかもかれらは、先の章で見たようにエリートを主とした集団を成す。こうした政治体制が、一定の少数者とりわけ富裕者の豊かさしか保証しないことは明らかでないか。これはまさに、人々の平等を実現するはずの真の民主主義と真逆の姿をとっている。今日の代表制民主主義の危機も、結局はこの点にこそ求められると言わねばならない。そこでは、国民的代表とは一体何かが問われるのである。

代表制民主主義において、すべての市民が代表者になることはもちろんできない。しかも、その際の代表者が社会的にブロックされていればどうなるか。そこでは言うまでもなく、市民の平等というプロジェクトは放棄されてしまう。[14] 社会の上流階級がつねに国民的代表者になり、その割合もフランスでは十分に安定している。ただし、一九八〇年代半ば以降に、中流階級の進出が顕著に見られた。しかし、かれらの学歴を見ると、それは実は上流階級の場合と同じく十分に高いものであった。そこ

表 8-1　フランスの議員の政党別・社会階層別構成、2017 年（%）

	庶民階級	中流階級	上流階級
2012 年の選挙	6.2	40.7	53
2017 年の選挙	8	23.7	68.3
反体制派左派	26	44.4	29.6
左派社会主義	6.5	34.8	58.7
中道派（MoDem）	6.7	24.4	69
共和国前進	8.4	21	70.5
国民戦線（FN）	11	22.2	66.7

出所：Rouban, L, *La démocratie représentative est-elle en crise?* La documentation Française, 2018, p.88 より作成。

に、低い学歴で貧しい庶民階級の入り込む余地はなかったのである。

このように、代表者が一部の階層で占められるという傾向は次第に明白となった。二〇一七年の国民的議会は、上級の社会的職業の出身者で支配されてしまった。[15] そこでは、中流階級出身の代表者でさえ真に後退した。この点は、それ以前の選挙結果と全く異なるものであった。議員は間違いなく完全にエリート化した。しかもこのことは、裕福でない社会的カテゴリーの有権者による棄権に応じて達成されたのである。これは、何と皮肉で理不尽な話ではないか。ここには、明らかに次のような負の悪循環が描ける。それは、下流階級と劣位の中流階級の現行政治家に対する不信感と嫌悪感の増大↓かれらの投票棄権の増大↓上流階級の投票による上流階級出身の議員の進出、である。

表８－１は、二〇一七年の国民的議会で選出された議員の社会階層を主要政党別に示している。見られるように、二〇一七年の選挙で上流階級出身の議員が七割弱を占めた。これは、二〇一二年に比べて約一五％増を表す。これと反対

に中流階級は、二〇一二年に折角四〇％に達したのに、二〇一七年には二〇％台にまで落ち込んでしまった。一方、政党別に見ると、反体制的左派では、さすがに中流階級と庶民階級の出身者が大きな割合を占め、上流階級出身者がトップではない。ところが、それ以外の政党ではすべて、上流階級出身者が最大の数を誇っている。中でも、与党の共和国前進の議員に占めるエリートの割合が七〇％で最大を示した。我々は、この点に注目する必要がある。左派社会主義の政党においてさえ、それは六〇％弱を占める。また極右派のポピュリスト党と称され、最も庶民階級に接近してきたはずのルペンが率いた国民戦線においても、上流階級出身者が六七％にも上り、庶民階級出身者は全体のたった一一％にすぎない。

フランスの代表制民主主義政治体制はまさしく、上流階級・エリート主導のものと化した。黄色いベスト運動が、主たるスローガンとして反エリートを掲げ、また市民主導の国民投票を要求したことには、このような立派な根拠があると言わねばならない。フランスの民主主義運営は、庶民不在のままに、かれらに対する平等意識のないままに行われてきたのである。そしてこの点を一層助長したのが、マクロン大統領であった。このことは、これまでの議論から明白であろう。

さらに由々しき事態が新たに発生した。それは、議員のプロフィールに大量の財界出身者が加わったという点である。かれらは、政界を一斉に侵食し始めた[16]。実は、この点もマクロニズムと深く関連する。マクロンは、政治の領域に経営的手法を強く取り入れようとしたからである。しかも、そうした財界出身者の多くは、企業のトップや上級職に携わる人物であった。例えば、共和国前進の新議員の三分の一は、企業の上級職出身者で占められていた。

フランスの代表制民主主義に基づく政治はこうして、社会と財界のエリート出身者による集団の主導で運営された。かれらはまさに、特権階級として君臨した。庶民階級は、そこで完全に無視された。黄色いベスト運動が、エリートと対決することを第一のテーマに掲げたのはそのためであった。かれらは、「我々は人民であり主人である」と謳い、改めて人民主権の論理を前面に打ち出したのである[17]。庶民階級は、政治家に裏切られたという思いを強く抱いている。それだからかれらは、租税や購買力の経済的要求から素早く政治的要求に転換した。それが最終的に、直接民主制をテーマとする市民主導の国民投票運動を出現させたのである。

黄色いベスト運動の主たる参加者である庶民階級の政治的姿勢は、これまで投票棄権であった。この背後には、選挙しても無駄であるという無力感と絶望感があった。一方、テクノクラートを主とするエリート集団は、庶民のことを一切語らないどころか、かれらをつねに裏切ってきた。庶民はもはや、政治家を信じる訳にはいかない。こうしたかれらの強い信念が、市民による政治の直接コントロールという手段の必要をここで強く訴えたのである。

フランス社会科学高等研究所の哲学教授であるM・ゴーシェ（Gauchet）は、ル・モンド紙とのインタビューで、今日の民主主義の危機について次のように語る[18]。民主主義は現在、機能していない。なぜなら、大部分の市民がフラストレーションを高め、反抗しているからである。この点で、民主主義はアノミー（anomie）状態、すなわち社会解体期に見られる人々の行為の無秩序状態を表している。この事態は、前代未聞で非常に混乱している。民主主義は本来、各人の自由と集合的権力の有効性とを同時に保証する必要がある。この点が今日果たされていない。黄色いベスト運動が、経済問題から政治問題に次第に焦点を移したのも、人民と政府の和解を願うためである。市民主導の国民投票はまさしく、それを具体化しようとするものとして表明された。こうした中で、マクロン大統領が提起した機構改革論を信じることができない。政治的改革は、権力の幻想に対する人民の抵抗で初めて可能となるからである。マクロンは、すべて一人で決定することができないことを理解しなければならない。彼は、社会との関係が必要であることを認識し、人民の声を聞かなければならない。この点で、公民精神を消すべきでない。

以上が、ゴーシェの今日のフランスに即して唱えた民主主義論である。これはまさに正鵠を射たものであり、我々は彼の警告に耳を傾ける必要がある。とくに市民主導の国民投票と公民精神に対する正当な評価を留意しなければならない。では、どうしてフランスの民主主義は、ゴーシェの指摘するような危機を迎えてしまったのか。この点こそが問われねばならない。

実はちょうど二〇一七年に、スウェーデンを拠点とする国際研究機関のＶ－デム（Dem）研究所は、自由民主主義の達成度の点で、フランスを一七四ヵ国のうちトップに据えた[19]。フランスはそこで、機構の安定性、選挙の規則性、不平等を減少させる再分配メカニズムの能力などの点で、最高の国家として位置付けられたのである。

ところがどうか。それから二年も経たないうちに状況は一変してしまった。月末のやりくりに困難な人々を中心として展開された黄色いベスト運動は、そうした民主主義の姿が完全に崩れていることを、世界に知らしめたのである。この巨大な社会的反乱は、現行のフランス民主主義に対し、稀に見る痛烈な一撃を与えた。フランスはもはや、世界の民主主義のロール・モデルではない。かつて、フィリップ現首相が師と仰ぐジュペ元首相は、「公民精神は有害」とみなした。フィリップも、当然この考えを引き継いでいる。そこには上から目線の民主主義しかない。そしてこれは、イギリスの元首相サッチャーが「社会などはない」と発言したことに相つうじている。*今回の黄色いベスト運動は、こうした政治のトップの姿勢に真っ向から反逆するものとして現れた。市民主導の国民投票の主張はその象徴であると言ってよい。

今日、ポピュリズムとりわけ右派のそれは、民主主義を蝕むものとして一般にみなされている。しかし、この見方は極めて皮相的であると言わねばならない。そうしたポピュリズム現象の本質は、決してそのような点にあるのではない。そうではなく、現行の民主主義の中で、なぜポピュリズムが右派と左派を問わずに勃興したのか。この理由にこそ、そうした現象の本質がある。そして、この問いは同時に、現在の民主主義の可否を問うことにもなる。右派も左派も、ポピュリズムの背後で何を語ろうとしているのか、また、それが一般市民とりわけ庶民階級からどうして支持されるのか。我々が突きつけられている課題は、これらの点を明らかにすることにある。市民主導の国民投票はその意味で、それに答えるためのファースト・ステップを提示した。こう言えないだろうか。

注

1 Leclerc, A., Malingre, V., & Vincent, F., "《Gilets jaunes》: un acte V incertain et sous pression", *Le Monde*, 15, décembre, 2018, *Le Monde*, "Le RIC n'emballe pas les élus de la majorité", Le Monde, 20, décembre, 2018.

2 *Le Monde*, *op.cit.*

3 De Royer, S., "《Le temps de la délibération a été oublié》", *Le Monde*, 20, décembre, 2018.

4 Mestre, A., "Les références ambiguës de François Raffin", *Le Monde*, 22, décembre, 2018.
5 De Royer, S., *op.cit.*
6 Olivier, E., "Le PS veut un référendum d'initiative partagée sur l'ISF", *Le Monde*, 20, décembre, 2018.
7 Malingre, V., "Macron met en scène son act II", *Le Monde*, 27, avril, 2019.
8 Le Monde, "Des figures des《gilets jaunes》critiquent les annonces", *Le Monde*, 27, avril, 2019.
9 Tonnelier, A., "Fiscalité 5 milliards d'euro d'impôt en moins et un flou sur le financement", *Le Monde*, 27, avril, 2019.
10 Rescan, M., "Institutions RIC enterré et proportionnelle confirmé", *Le Monde*, 27, avril, 2019.
11 Rouban, L., *La démocratie représentative est-elle en crise?*, La documentation Française, 2018, pp.7-9.
12 Rouban, L., *op.cit.*
13 *ibid.*, pp.67-68.
14 *ibid.*, pp.72-73.
15 *ibid.*, p.87
16 *ibid.*, pp.94-95.
17 Huyghe, F.-B., Desmaison, X., & Liccia, D., *Dans la tête des gilets jaunes*, V.A., Édition, 2018, p.22.
18 Fressoz, F., "Marcel Gauchet:《Je crains une anomie démocratique》", Le Monde, 12, mars, 2019.
19 Fressoz, F., "La démocratie, en danger, doit se réinventer", *Le Monde*, 12, mars, 2019.

＊ このサッチャー発言に関して詳しくは、拙著『ギリシャ危機と揺らぐ欧州民主主義』明石書店、二〇一七年、三〇〇ページを参照されたい。

終章　「黄色いベスト」運動が意味するもの

最後に、一般市民とりわけ庶民階級を中心に、前代未聞の社会的抗議運動を展開した黄色いベスト運動は、一体何を意味しているか、また、そこから我々は学ぶべきかを様々な視点から考察することにしたい。

一．新時代の社会と市民運動

コレージュ・ド・フランスの教授で近現代史研究を主導するP・ロザンヴァロン（Rosanvallon）は、黄色いベスト運動が勃発して直ちに、その基本的な分析視点を提示した。[1] 同運動による反乱は、現代社会の状況を全く新しい視点で考える必要があることを我々に示している。彼はまずこのように押える[2]。それはまた、人々の同運動で爆発させた怒りを正しく理解することを求めている。確かに、そうした怒りは、長い間の沈黙を破って突如表に現れた。その背後に、庶民階級がこれまで、社会的に無視され、また劣った存在として不公正に扱われてきたという強い思いがあることは間違いない。

しかしロザンヴァロンはさらに進んで、そうした感情を生み出しているより根源的な問題を提起する。それは、かれらの生存力の維持という問題である。実際に、フランスで約四五〇万人（人口の一割弱）もの人々が社会的最低保障で暮している。かれらは当然に弱者である。この「弱者の社会階層」こそが、黄色いベスト運動を支える第一の層であった。そうした階層には、それほど高くない所得の賃金労働者、劣った中流階級、自営業者、小商人、あるいは職人などの様々な異質の人々が属する。このような下層者にとって、最も切実な問題はいかに生存するかという点に尽きるであろう。

筆者は、このロザンヴァロンの問題提起に深く共鳴する。弱者としての下層者の生存する力を奪ってまでして改革を行うことが、市民のための真の改革でないことは言を俟たない。燃料税と一般社会保障負担税の引上げという租税改革、あるいはフランス国有鉄道の改革は、この点を如実に物語っていた。しかも銘記すべき点は、こうした下層の生存を危うくしている人々が、フランスに限らず、先進国全体でますます増えているという点であろう。これこそまさに、著しく進歩した文明社会のパラドックス以外の何物でもない。そうだとすれば、今回のフランスの人々が爆発させた怒りは、フランスに固有なものとしてではなく、一つの普遍的なものとして捉えられるべきと言ってよいのではないか。ここに我々は、現代の新しい社会的状況を見ることができるのである。

他方で、この下層の人々の展開した運動は、これまでのものとは全く異なるものとして考える必要がある。それは、一定の組織に基づいた、いわゆる伝統的な社会運動ではないし、ましてや労働組合運動に根ざしたものでも全然ない。一九六〇年代に、ポスト工業社会を念頭に入れた新社会運動が展開された[3]。一九六八年のフランス五月革命は、それを代表するものであった。ところがそれから半世紀を経て、ここにさらなる新運動が登場する。それは、新・新社会運動とも呼べるものである[4]。労働組合組織がすでに弱体化している一方で、新たに深刻な社会問題が現在至る所で噴出している。そうした問題は、たんに失業問題に留まらない。人々の生活上の不満は、より広い範囲で高まっている。かれらは、一定の組織やリーダーとは無関係に、社会的ネットワーク（通信網）を使いながら集結し、社会的抗議運動を展開したのである。

黄色いベスト運動はまさしく、こうした新・新社会運動の姿を全世界に向けて誇示したと言ってよい。そこには、リーダーもスポークスマンも、また何のヒエラルキーもない[5]。もちろん、同運動には労働組合に属する参加者も含まれる。しかし、それはほんの一部にすぎない。どうしてそうなのか。それは、労働組合に加入できないような被雇用者、すなわち非正規雇用者が数多く同運動に参加していたからである。同運動の参加者の雇用状況を見ると、従業員の割合が四六％以上を占めて最大を誇る[6]。これに対して、工場労働者は一七％弱にすぎない。こうした従業員のほとんどは、非正規雇用の状態にあると考えられる。そこでかれらは、労働組合と何のコンタクトも持たない。かれらは中小企業や極小企業の賃金労働者であり、企業の中で集団的交渉を行う組織をつくれない。したがって、賃上げや労働条件の改善などの要求はそもそもできない。だからこそ、かれらは生存する力の維持を最大の問題としたのである。

さらに銘記すべき点は、黄色いベスト運動の参加者には、以上のような被雇用者に限られず、より一層広範な人々が含まれているという点である。そうした人々を代表する層として二つ挙げられる。一つは、低い受給額で暮す年金生活者であり、もう一つは、専業主婦を含めた女性一般である。かれらもやはり、生存力を脅かされている弱者であった。また、かれらが何らかの政治・社会組織に加盟していないことは言うまでもない。今回、高齢者を含む年金生活者が大々的に抗議運動を展開した。それだけかれらの生活は逼迫していたのである。これと同じ状況は、すでにギリシャ危機のときに現れていた。[*] それが今や、ギリシャと比べものにならないほどの大国であるフランスで生まれた。年金生活者の反乱が起こったのである。

写真終-1　多くの女性が運動に参加している様子を写したもの。　筆者撮影（パリ、シャンゼリゼ通り、2019年2月）

一方、女性の運動参加は決して目新しいものではない。否、女性はむしろ、人民の運動の歴史の中でつねにその存在感を誇ってきた。[7] フランスに限って見ても、アンシャン・レジームに対する反乱からフランス革命に至るまで、女性は先頭に立って運動に参加したのである。なぜかと言えば、女性こそがこれまで、そして今も、日常生活に関して言わば「家庭の財務相」としての役割を担ってきたからである。だからこそかれらは、

＊　この点について詳しくは、拙著『ギリシャ危機と揺らぐ欧州民主主義』明石書店、二〇一七年、七八〜七九ページを参照されたい。

生活の困難さを真っ先に感じることができた。つまり、かれらの反乱は、そうした生活感に根ざすものであった。この点は、黄色いベスト運動についてもはっきりと表されている。ただし、今回の運動で特徴的なのは、そうした女性に、新たな層が加わったという点であろう。それは、子供の養育が必要な離婚者、すなわちシングル・マザーである。かれらは、自分の賃金だけで子供を育てなければならない。そしてかれらの大半は、パートタイマーとしての労働に従事している。しかも車での通勤を余儀なくされているとすれば、燃料税の引上げはかれらにとって、まさに死活問題と化したのである。

このようにして見ると、黄色いベスト運動のアクターは、単純に一つの層として表すことができない。しかし、そこには共通項が見出せる。それはくり返しになるが、かれらが一様に日々の生存力を脅かされている弱者であり、これまで社会の見えない部分、すなわち影として存在してきたという点である。かれらは、そうした存在から脱け出すために、言い換えるならばその存在意義が認められるために、リーダーも組織もないままに、他の人々と同じように生きるべき一市民として集団で立ち上がったのである。

黄色いベスト運動が、これまでの社会運動で見られた枠組から大きく外れたものとして引き起こされたことは疑いない。その外れた主要部分を列挙すれば次のとおりである。[8] 第一に、抗議団体の伝統的カテゴリー、第二に、伝統的に監視された圏域、第三に、政治的カテゴリー、第四に、一定の社会階層、第五に、運動能力の規準、第六に、伝統的なデモの法的規制、第七に、政府の懐柔対策、第八に、政治的対話、そして第九に、運動体のヒエラルキー。同運動は、これらすべての枠組の外に位置付けられるのである。

黄色いベスト運動はこうして、今までのどの社会運動とも異なる様相を呈した。さらにこの点を印象づけたのが、参加者による社会的ネットワークの活用であった。もちろん、このネットワークを使った運動は決して目新しいものではない。それはすでに、二〇〇九年のイランや二〇一一年のアラブの春で見られた。そこでは社会的ネットワークが、抗議運動を組織するために信じられない力を発揮した。しかし、今回の黄色いベスト運動におけるほど、そのことが大成功を収めた例はない。[9] メディアへのアクセスを全く持たない人々が、月末のやりくりに困難なことを語るために、地方の人々や、より劣った人々とのコミュニケーションを、ネックワークを使いながら見事につくり上げたのである。

以上を振り返って見ると、ロザンヴァロンが的確に指摘したように、黄色いベスト運動が示した特異性は、今日の社会、とりわけ先進諸国のそれが全く新しい時代に突入していることと深く関係している。[10] そうした社会の構成員の中で、抗議を引き起こすアクターは、いわゆるかつての労働者階級にもはや限られない。同運動は明らかに、ポスト労働組合の新しい市民による反乱を意味している。かれらのカテゴリーを総括すれば、日常生活の維持に強い不安を抱いている人々ということになるであろう。この不安感が、一つのまとまった社会的怒りに転じたのである。したがってこの怒りは、生き続けることから自然にわき上がってきたものであり、その具体的根拠を確実に備えている。だからこそかれらの声は、非常に説得力を持つものとして、一般市民に強くアピールできた。それは、決してきちんとしたイデオロギーから発せられた声ではない。しかし、同運動で展開された抗議は、社会の転換を必要とする証拠をまざまざと人々に知らしめたのである。

二　不平等な社会と市民運動

冒頭で述べたように、今日のフランス人が最も意識しているのは平等性の問題である。この意識が、黄色いベスト運動の推進力と持続力になっているのは間違いない。要するに同運動は、生存力と平等性の復興を目指すものとして引き起こされた。こう言ってよいであろう。

フランス革命の研究者が、なぜ黄色いベスト運動を同革命のアナロジーとみなすのか。それは、いずれの運動も、一般市民とりわけ下層の庶民階級が経済的かつ社会的な不平等を強く感じた点をその引き金としているからに他ならない。しかもそうした不平等感は、両運動に共通して租税に対するものであった[11]。人々はそもそも、租税の前での同胞の平等を想定している。それゆえかれらは、そうした前提が崩れたことを察知したときに怒りを一挙に噴出させる。フランス革命も黄色いベスト運動も、その点で全く同じ状況の下で勃発したのである。

租税はその意味で、社会の平等性を表す一つの最有力のバロメーターになる。実は、こうした問題は、フランスで非常に古くから議論されてきた。ここで、筆者はとくにあのJ－J・ルソー(Rousseau)の租税論に注目したい。それは、フランス革命以前に表されたものである。しかし、今こそ彼の議論に光を当てる必要があるのではないか。以下で、まずルソーの行論をごく簡単に整理すると次のようになる[12]。

各人は、公共に必要とされることを負担しなければならない。しかし、その負担は自発的でなければならない。それはまた、個人の意思によるのではなく、各市民の同意を必要とする。つまり、それは社会の一般的意思による。そのため租税は、各人が喜んで支払う他はないようなものとすべきである。すなわち租税は、人々の、あるいはかれらの代表者の同意の下に、正当に設けられる必要がある。したがって人民は、租税の支払いを拒絶することができる。あるいは逆に、国家主権は租税を要求してはならない。人民と国家の間の力関係だけを問題にするのであれば、租税の正当性を問う意味はもはやない。さらに税金の効用について言えば、それは、各人が社会的連合から引き出せるものであり、そうした効用が、富裕者を強く保護するものとなってはならない。実際に富裕者は、税は貧困者が自分達にカネを支払うものと思っているからである。

我々は、このルソーの租税論から何を学ぶべきか。ここには、現代の租税・財政問題を再考させるべき数多くの貴重な教示があると言わねばならない。ルソーは、租税は第一に、人民の自発性に基づくものであって、国家による強制であってはならないと唱える。そこで、もしも租税が人民に対して強制するのであれば、かれらはそれを拒絶する権利を持つ。彼のこうした考えを踏まえれば、今回の黄色いベスト運動が、燃料税の引上げに激しく反対したことは、まさにルソーの租税論を体現したものと言ってよい。しかも、連帯富裕税を廃止し、それによる減収分を燃料税の引上げで埋め合わそうとしたマクロン政権の租税政策は、それこそルソーが厳しく批判した点をものの見事に表している。二世紀以上も経って、租税に対する国家の姿勢は何ら変わっていないのである。

そこで次に留意すべき点は、租税をめぐる国家と人民の関係であろう。この点については、ルソーの租税論と、あの『法の精神』を著したP・モンテスキュー（Montesquieu）のそれとを比べて見るとはっきりしてくる。実際にルソーは、モンテスキューの議論をかなり意識していたことがわかる。モンテスキューは、租税を国家と人民の交換という取引関係で捉える。[13] そこでは、国家の収入は人民の供与する分から成るのであり、人民がそうするのは政府への信頼があるためとされる。人民は、それによって政府の保障を受けることができる。このように、モンテスキューの租税論において大事な点は、国家と人民が租税を通して互いに利害を共にするという点である。したがって、もしも人民の供与する分が減少すれば、当然に政府のかれらに対する保障も減ることになる。

これに対してルソーの考えは、租税が国家と人民の契約関係にある点でモンテスキューのそれに相つうじるものの、ルソーの場合には、そうした契約が人民の同意に基づくものとされる。これはまた、政府による公共サービスを原則とした一つの社会契約を意味する。そこでは、国家が富の不均衡な分配を阻止する一方で、人民の権利の平等を保障するものとみなされるのである。

このように、ルソーとモンテスキューの租税論を対比してみると何がわかるであろうか。マクロン政権は、明らかにモンテスキューの考えに即して政策を提示したと言ってよい。マクロンが国民に対し、租税を減らせば公共支出も減ることをくり返し述べた点に、それは端的に表されている。そこには、政府が市民との合意で税を課すというルソー的発想は全然ない。それは、テクノクラートの得意とする冷淡で合理的な計算を意味している。なぜ市民が、一方的な税金の引上げに猛反発したのかは、この点でよくわかる。

我々はここで、再びルソーの視点に立ち返って租税のあり方を見直す必要があるのではないか。租税は、あくまでも社会的公正の観点から課されなければならない。したがってそれは、富裕者に有利になるが貧困者には不利になるようなものであってては絶対にならない。ここに、同胞としての市民の平等を保障するものとしての租税の意義がある。それだからルソーは、間接税としての物品税に対しても、高額の物品に対して税率も高くなるという累進性の原則を掲げたのである[14]。

ところで、こうした租税問題に関して、もう一つの極めて重要な論点を指摘しておかねばならない。それは、欧州の財政規律問題である*。そこでは、EU加盟国、とりわけユーロ加盟国の財政赤字が厳しく規制されている。マクロンは、この規律をフランスが守るべき点を当初から強調していた**。彼は、欧州改革を図ると唱えるものの、根本的には欧州の現行ルールに従うことを宣言する[15]。この点で彼の欧州改革は、抜本的なものでは全くない。

そうだとすれば、フランスは財政赤字を削減するために税金の引上げと公共支出の削減を前提にして政策を運営しなければならない。マクロン政権が発足後直ちに、税金の引上げを図ったのもそのためであった。これは、「初めに財政規律あり」という欧州目線の発想であり、フランス市民の目線による考えではない。このようにして見ると、フランスの一般市民による、そうした租税対策に対する猛反発は、たんにフランス政府だけではなく、欧州＝EUそのものに対するものであった。我々は、この点を忘れてはならない。こうした黄色いベスト運動とEUとの対立に関して、すでに包括的な研究書もフランスで現れている[16]。

他方で、黄色いベスト運動は、租税を含めたより広いパースペクティブで現代資本主義を見たとき

* 欧州の財政規律については、前掲拙著『欧州財政統合論』第一章と第二章を参照されたい。

** マクロンの姿勢については、前掲拙著『社会分裂に向かうフランス』三四七～三五三ページを参照されたい。

に、そこには転換されるべき重要な問題点があることを我々にはっきりと示した。一九八〇年代の金融自由化が進む中で、資本主義経済はますます金融化された。そこでは、貨幣をつくり出す手段を用いる人と、それを保有する人のみが多大の恩恵を受ける。それはまた、グローバル化されユニバーサル化された世界で進展した。しかもかれらは、官僚や政治家と結託しながら、自分達に最も有利となる政策を要求し続け、それらは実現された。ここに、資本・官僚・政府の言わば三位一体的な融合が誕生する。マクロニズムも、これをまさに具現するものと化した。[17]そこに貧しい庶民の入り込む余地は全然ない。我々はこのことを、同運動を通して認識できたのである。

現代資本主義をつねに鋭く批判するM・アグリエッタ（Aglietta）も、黄色いベスト運動が今世紀で一つの最大の問題を提起したと指摘する。[18]彼は、今回の大事件を、「明らかにされた破局」という視点で捉える。これは、社会の根源的な危機を意味する。こうした破局は、個人の生活の破局と、不平等で不確実な社会の破局との関係を明らかにするものである。彼は、同運動を通して、そうした破局の導かれる過程を改めて認識する。

では、このような破局に向かう社会からいかに脱却すべきか。我々はここで、極端なペシミズムに陥ってはならない。いかなるときでも、つねに意思のオプティズムを表明する必要がある。今回、黄色いベスト運動は、一つの明るい展望を示した。かれらは、「我々は人民であり主人である」と訴える。[19]このことが、直接民主制のテーマとして現れ、それは最終的に市民主導の国民投票という政治的要求へ昇華した。この国民投票は、直接的な民主主義と同時に、社会的な民主主義をも意味する。[20]それは、下からの政治改革であり、そこで人民による権力の獲得が目指される。その目的は、経済・社会の政策をこれまでのものと逆転して、それほど裕福でない人々すなわち庶民階級に有利なようにすることである。このことはまた、市民主導の真の民主主義と公正な経済・社会システムの達成を、その最終目標とする。

一方、マクロン政権側はどのような反応を示しているか。問題とされるべき点は、これだけ大きな反乱があったことを受けて、マクロンとその政府は、これまでの政策を真に反省しているかという点であろう。マクロンは二〇一九年五月早々に、改めて当初の針路を維持し、大統領が政策をリードすることを国民に示した。[21] これでもって、有権者は納得するであろうか。その答えは、欧州議会選挙の結果に明確に表された。先に見たように、燃料税引上げを停止したのも、この選挙で与党が勝利するためであった。ところがどうか。結果は逆であった。共和国前進は、ルペンの率いる国民連合に敗れたのである。しかも銘記すべき点は、フランス周辺部で、国民連合は圧倒的な勝利を収めたという点であろう。[22] このことが、フランスの社会分裂を意味することは言うまでもない。周辺部に住む貧しい人々は、マクロンではなくルペンを支持した。マクロンが国民に手紙を書き、国民的大討論会の開催を宣言しても、下層の人々の意向が変わることはなかったのである。

今日、黄色いベスト運動は確かに、かつての勢いを失っている。デモ参加者も大きく減少した。それは、ある意味で当然であろう。同運動の一部の参加者が過激化したことによって、政府が法と警察による圧力を一層強めたからである。しかし、当局がいくら弾圧を強めたとしても、それでもって同運動の勃発したことの根因まで消し去ることは絶対にできない。著名な哲学者J・ランシエール(Rancière)が、同運動を論じる中で指摘したように、そもそも平等と不平等の論理の間で、交渉不可能な断絶がある。[23] 実際に、同運動の中軸となる参加者は現在も、警察の力に抗して運動を続けることを宣言している。[24] 同時にかれらは、ここにきて運動方法の転換を図るべきであると認識する。それは、新民主主義運動とも呼べるものである。運動の早い段階から要求してきた市民主導の国民投票の運動を、より広範な市民のレベルで、かつまたより広い地域のレベルで展開することがそこで訴えられた。「運動は転換され、それは新たな別の組織に変わる」。かれらはこのように謳いながら同運動の継続を誓った。この新しい市民運動の広がりが、今後いかなる影響をフランス、並びにその他の世界に及ぼすことになるか。我々が注視すべき点は、このことに尽きるであろう。

注

1 Rosanvallon, P., "Accroître le《pouvoir de vivre》", in Confavreux, J., près., *Le fond de lair est jaune*, Seuil, 2019. Truong, N., "Pierre Rosanvallon《Un nouvel âge du social》", *Le Monde*, 9/10, décembre, 2018.
2 Rosanvallon, *op.cit.*, pp.173-174.
3 Neveu, É., *Sociologie des mouvements sociaux*, La Découverte, 2015, p.60.
4 *ibid.*, p.68.
5 Bucqué, R., "Derrière les visages, des mots d'ordre", *Le Monde*, 8, décembre, 2018.
6 Zappi, S., "Avant tout une demande de revalorisation du travail", *Le Monde*, 25/26 décembre, 2018.
7 Zancarini-Fournel, M., "On est en train de faire l'Histoire", in Confavreux, J., prés., *op.cit.*, pp.60-62.
8 Huyghe, F.-B., Desmaison, X., & Liccia, D., *Dans la tête ds gilets jaunes*, V.A. Édition, 2018, pp.5-6.
9 *ibid.*, pp.45-50
10 Rosanvallon, P., *op.cit.*, pp.177-179.

11 Wahnich, S., "San-culottes et gilets jaunes", in Confavreux, J., prés., *op.cit.*, p.33.

12 Rousseau, J.-J., *Discours sur l'économie politique*, in Bernardi, B.,dir., *Rousseau—Discours sur l'économie politique—*, Librairie philosophique, J.Vrin, 2002., pp.72-76.

13 Spetor, C., "Théorie de l'impôt", in Bernardi, B., dir., *op.cit.*, pp.202-206.

14 *ibid.*, p.216.

15 Balibar, É., "Le sens du face-à-face", in Confavrieux, J., prés., *op.cit.*, pp.192-193 .

16 Symons, L., & Symons, L., *Les《Gilets jaunes》s'oppsent aux insuffisances de l'État et de l'Union Européenne*, vol. I, II., Du Net, 2019.

17 Graeber, D., "Les gilets jaunes montrent à quell point le sol bouge sous nos pieds", *Le Monde*, 9/10, décembre, 2018.

18 Aglietta, M., "Pas de sauvetage de la planète sans justice sociale", *Le Monde*, 9/10, décembre, 2018.

19 Huyghe, F.-B., Desmaison, X., & Liccia, D., *op.cit.*, pp.22-23.

20 Monod, J.-C., "La crise de l'État néolibéral", in Confavreux, J., prés, *op.cit.*, p.103.

21 Pietralunga, C., "La fausse fin de la présidence《jupitériénne》", *Le Monde*, 10, mai, 2019.

22 Roger, p., "Vote aux européennes, —La fracture territoriale se creuse—", *Le Monde*, 2/3, juin, 2019.

23 Rancère, J., "Les vertus de l'inexplicable", in AOC, *《Gilets jaunes》Hypothèses sur un movement*, La Découverte, 2019, p.162.

24 Leclerc, A., "En déclin, les《gilets jaunes》cherchent à se réinventer", *Le Monde*, juin, 29, 2019.

あとがき

筆者は、二〇一九年二月から約一ヵ月間パリに滞在し、黄色いベスト運動の実態調査と、同運動に関する研究資料の収集に努めた。毎土曜日にシャンゼリゼ通りを中心に展開される同運動は、想像した以上に強い印象を与えるものであった。いつもであれば、同通りは全世界からの数多くの観光客で埋まり、かれらはブランド店でのショッピングと凱旋門を見学しているはずである。ところが、同運動により観光客は数えることができるくらいにわずかであった。一方、ブランド店と銀行は破壊された姿を無残に晒けだしていた。なぜ同運動の参加者はシャンゼリゼ通りに集結し、一部の過激派が暴動を引き起こしたのか。それは、かれらの眼に、同通りが権力と富の集中する場として映ったからに他ならない。

一方、同運動を取り締まる警察官の異常なほどに武装した姿は、事態の重大さをよく物語っていた。かれらは、ボール弾と催涙弾の銃を構え、全身を厚いプロテクターで被っていた。そして最終的には放水でデモ隊を蹴散らしたのである。これは、もはやデモの段階を超えた市民戦争ではないか。そう思えるほどであった。日本で報道されたのも、そうした場面であったに違いない。

しかし黄色いベスト運動を、そうした過激な動きとしてのみ捉えることは、その真相を見誤ることになる。年金生活者や女性の参加者は、過激派とはっきり距離を置いている。否、むしろかれらは、過激派によって同運動の進展が阻まれるという不満さえ表している。実際にシャンゼリゼ通りではなく、そこから枝分かれした小さな通りで、静かなデモ行進をする老若男女もかなり多かった。ここに筆者は、市民主導の国民投票を要求する同運動の今後のあり方を見る思いがした。また、そうした動きはフランスに限らず、全世界的な広がりを持った普遍的なもののように思えた。民主主義は、それこそ何の権限も持たない人々が力を発揮することで初めて真に機能する。黄色いベスト運動は、この点を我々に改めて訴えるものである。

フランスの出版界では重大事件に対し、その分析をいち早く読者に伝える傾向が非常に強い。研究者もまた、それに全力を注いでいる。それゆえ、今回の黄色いベスト運動に関する書物もまたたく間に数多く出版された。一方、日本の出版界は極めて厳しい状況にある。こうした中で、本書の出版を快諾していただき、つねに温かく励ましていただいた明石書店の大江道雅社長に心より深謝申し上げたい。また、適切なアドヴァイスをいただいた編集部長の神野斉様にもお礼申し上げたい。最後に、本書執筆のために、在外研究の機会を与えていただいた西南学院大学に感謝申し上げたい。

参考文献

Amar, C., & Graziani, C., *Le peuple et le président*, Michel Lafon, 2019.

AOC, *《Gilets jaunes》 hypothéses sur un mouvement*, La Découverte, 2019.

Bernardi, b., dir., *Rousseau Discours sur l'économie politique*, Librairie philosophique, J. Vrin, 2002.

Branco, J., *Contre Macron*, Éditions Divergences, 2018.

Cayrol, R., *Le président sur la corde raide*, Calmann Levy, 2019.

Confavvreux, J., prés., *Le fond de l'air est jaune*, Seuil, 2019.

Douvoux, n., & Lomba, C., *Où va la France populaire ?*, Presses universitaires de France, 2019.

Guilluy, C., *La France périphérique*, Flammarion, 2014.

Guilluy, C., *No Society*, Flammarion, 2018.

Huyghe, F.-B., Desmaison, X., & Liccia, D., *Dans la tête des gilets jaunes*, V.A.Éditions, 2018.

Larrivé, G., *Le coup d'État Macro*n, Éditios de l'Observatoire/Humensis, 2018.

Le Monde, *Le bilan du monde*, Le Monde, 2019.

Neveu, É., *Sociologie des mouvements sociaux*, La Découverte, 2015.

Noiriel, G., *Une histoire populaire de la France,* Agone, 2018.

Noiriel, G., *Les Gilets jaunes à la lumière de l'histoire*, Le Monde, 2019.

OFCE, *L'économie française 2019*, La Découverte, 2018.

Pinçon, M., & Pinçon-Charlot,M., *Le président des ultra-riches*, Zones, 2019.

Rescan, M., *Les grandes illusions*, Robert Laffont, 2019.

Rouban, L., *La démocratie representative est-elle en crise ?*, La documentation Française, 2018.

Rozan, J.-M., *Macron : Maillot jaune*, Coup de gueule, 2019.

Spire, A., *Résistances à l'impôt attachement à l'ét*」 euil, 2018.

Symons, l., & Symons L., *Les《Gilets jaunes》s'opposent aux insuffisances de l'État et de l'Union Européene*, volume1,2,Du net, 2019.

や行

ら行

ま行

た行

な行

は行

さ行

事項

アルファベット

あ行

か行

索引

人名

【著者略歴】
尾上 修悟（おのえ しゅうご）
1949 年生まれ。現在、西南学院大学経済学部教授。京都大学博士（経済学）。日本 EU 学会理事。2000 年と 2004 年にパリ・シアンス・ポリティークにて客員研究員。主な著書は『イギリス資本輸出と帝国経済』（ミネルヴァ書房、1996 年）、『フランスと EU の金融ガヴァナンス』（ミネルヴァ書房、2012 年）、『欧州財政統合論』（ミネルヴァ書房、2014 年）、『ギリシャ危機と揺らぐ欧州民主主義』（明石書店、2017 年）、『BREXIT「民衆の反逆」から見る英国の EU 離脱』（明石書店、2018 年）、『「社会分裂」に向かうフランス』（明石書店、2018 年）、A・アルティ『「連帯金融」の世界』（訳書、ミネルヴァ書房、2016 年）、『国際金融論』（編著、ミネルヴァ書房、1993 年）、『新版 国際金融論』（編著、ミネルヴァ書房、2003 年）、『新版 世界経済』（共編著、ミネルヴァ書房、1998 年）、『イギリス帝国経済の構造』（共著、新評論、1986 年）、『国際経済論』（共著、ミネルヴァ書房、1987 年）、『国際労働力移動』（共著、東京大学出版会、1987 年）、『世界経済』（共著、ミネルヴァ書房、1989 年）、『新国際金融論』（共著、有斐閣、1993 年）、『世界経済論』（共著、ミネルヴァ書房、1995 年）、『世界経済史』（共著、ミネルヴァ書房、1997 年）など。

「黄色いベスト」と底辺からの社会運動

フランス庶民の怒りはどこに向かっているのか

2019 年 12 月 25 日　初版第 1 刷発行

著　者　尾 上 修 悟
発行者　大 江 道 雅
発行所　株式会社 明石書店

〒 101-0021 東京都千代田区外神田 6-9-5
電 話　03（5818）1171
FAX　03（5818）1174
振 替　00100-7-24505
http://www.akashi.co.jp

装　丁　清水　肇（プリグラフィックス）
印刷／製本　モリモト印刷株式会社

（定価はカバーに表示してあります）　ISBN978-4-7503-4951-0

世界の教科書シリーズ30

フランスの歴史【近現代史】

フランス高校歴史教科書〈19世紀中頃から現代まで〉

マリエル・シュヴァリエ、ギヨーム・ブレル 監修
福井憲彦 監訳　遠藤ゆかり、藤田真利子 訳
◆A4判変型／並製／708頁　◎9500円

19世紀から第二次世界大戦までを扱う近代編、第二次世界大戦後から現代までを扱う現代編で構成される。歴史上の人物の著作や研究文献、豊富なビジュアル資料を用い自ら考える力を育もうとする内容に彼我の歴史教育の違いに目を見張るであろう。

●内容構成●

【19世紀中頃から1945年までの世界、ヨーロッパ、フランス】
第1部　19世紀中頃から1939年までの工業の時代とその文明
第2部　19世紀中頃から1914年までのフランス
第3部　戦争、民主主義、全体主義（1914〜1945年）
【1945年から現在までの世界、ヨーロッパ、フランス】
第1部　1945年から現在までの世界
第2部　1945年から現在までのヨーロッパ
第3部　1945年から現在までのフランス

フランス人とは何か 国籍をめぐる包摂と排除のポリティクス
パトリック・ヴェイユ著　宮島喬、大嶋厚、中力えり、村上一基訳　◎4500円

現代フランス社会を知るための62章
エリア・スタディーズ84　三浦信孝、西山教行編著　◎2000円

パリ・フランスを知るための44章
エリア・スタディーズ5　梅本洋一、大里俊晴、木下長宏編著　◎2000円

フランス文学を旅する60章
エリア・スタディーズ168　野崎歓編著　◎2000円

現代フランスの教育改革
フランス教育学会編　◎5800円

フランスの学歴インフレと格差社会 能力主義という幻想
マリー・ドュリュ＝ベラ著　林昌宏訳　◎2200円

フランスに学ぶ男女共同の子育てと少子化抑止政策
冨士谷あつ子、伊藤公雄編著　◎2800円

若者よ怒れ！ これがきみたちの希望の道だ
フランス発 90歳と94歳のレジスタンス闘士からのメッセージ
ステファン・エセル、エドガール・モラン著　林昌宏訳　◎1000円

〈価格は本体価格です〉

BREXIT
「民衆の反逆」から見る英国のEU離脱

緊縮政策・移民問題・欧州危機

尾上修悟［著］

◎四六判／上製／400頁　◎2,800円

本書は、イギリスのEU離脱を、世界的なナショナリズム・排外主義によるものと同一視することなく、緊縮政策と労働政策により困窮した大衆によるイギリス・EUのガヴァナンスに対する抵抗ととらえ、政治・経済的な深い分析のもとに論ずる。

【内容構成】

序章　Brexitで問われているもの

第Ⅰ部　イギリスの緊縮政策と総選挙

第一章　緊縮政策の経済的・社会的諸結果

第二章　二〇一五年の総選挙と保守党の勝利

第Ⅱ部　イギリスのEUレファレンダム（国民投票）

第三章　EUレファレンダムのキャンペーン

第四章　EU離脱派の勝利とそのインパクト

第Ⅲ部　Brexitの影響と交渉プロセス

第五章　Brexitとイギリスの政治・経済・社会問題

第六章　Brexitとイギリスの対EU関係

第七章　Brexitの交渉と総選挙

終章　Brexitが意味するもの

〈価格は本体価格です〉